Roberto Di Napoli



AGGIORNAMENTI

i Problemi dell'educazione

ARMANDO
EDITORE

Graziella Scuderi

# STORICISMO E PEDAGOGIA

*Vico, Cuoco, Croce, Gramsci*

ARMANDO
EDITORE

**SCUDERI,** Graziella
Storicismo e pedagogia: Vico, Cuoco, Croce, Gramsci / Graziella Scuderi.
Roma : Armando, c 1995
128 p.: 22 cm. - (Aggiornamenti. I problemi dell'educazione)

ISBN 88-7144-443-4

1. Storicismo - aspetti pedagogici

CDD 370 . 1


Viale Trastevere, 236 - 00153 Roma
Direzione - Ufficio Stampa 06/5894525
Direzione editoriale e Redazione 06/5817245
Amministrazione - Ufficio Abbonamenti 06/5806420

05-04-007

# Sommario

*Capitolo primo*

# La polemica sullo storicismo

Esaltare o condannare lo storicismo è un problema che si è visto ricorrere con insistenza nella storia del pensiero filosofico e che ha piegato appunto a posizioni di contrasto. In particolare, il dibattito sullo storicismo, sul suo significato e sulla sua crisi, raggiunse il massimo della tensione alla fine degli anni trenta, quando il rifiuto di norme universalmente valide, il ripudio della teoria di una natura immutabile, la restituzione di ogni valore al contesto storico da cui emerge, sembrarono connettersi strettamente con il dramma delle situazioni politiche di quel periodo, specie in Germania e in Italia. In questo clima si determinarono anche gli sforzi maggiori per risalire alle origini, per definire le posizioni, per dissipare gli equivoci, per dialettizzare i contrasti. La discussione, il contrasto, ma anche le convergenze fra Meinecke e Croce, il tentativo di sintesi e di sistemazione storiografica di Aron sono tutti segni – come ha rilevato il Garin – di interesse, ma anche del concludersi di un periodo: una crisi e una trasformazione (1). E nella polemica esemplari sono stati i riferimenti di Meinecke per sottolineare l'ambivalenza, e l'ambiguità, di un termine, "Historismus" in tedesco, "storicismo" in italiano, destinato appunto a pesare su tutta la letteratura intorno allo storicismo contemporaneo.

Lo storicismo viene condannato come soggezione al passato, come difesa dei valori del passato («legittimare – diceva Marx – l'infamia di oggi con l'infamia di ieri»), non senza una sottintesa "filosofia della storia" a disegno, provvidenziale e necessitante. Lo storicismo viene esaltato come teoria della storicità del mondo umano, della temporalità di ciò che all'uomo appartiene, di un divenire autentico, non precostituito; lo storicismo si afferma filosoficamente come critica del fondamento e del significato del farsi progressivo della umanità.

Quest'antinomia Meinecke voleva mettere in evidenza, e a un tempo, la novità della concezione storicistica (2). Ma, come è stato affermato dal Rossi, piuttosto che di una dottrina specifica, si dovrà parlare di una "famiglia" di dottrine, anche se, a un certo momento, si sono venute costruendo a *posteriori*, fonti e linee unitarie di svolgimento, nonché genealogie e classificazioni, che, tuttavia, invece di chiarire, hanno reso più complesse le questioni, aggiungendo alla eterogeneità degli sviluppi la complessità delle fonti. Ne sono nate spesso polemiche pretestuose e critiche sfocate proprio per l'impossibilità di ricondurre a unità di origini i molteplici "storicismi". Mentre, infatti, gli storicisti tedeschi guardarono con Meinecke, oltre la "scuola storica", a Goethe, a Herder, e nel Settecento inglese a Shaftesbury e ai "platonici", gli storicisti italiani con Croce si richiamarono, oltre Hegel, a Kant e a Vico, e con Gramsci affrontarono il nodo del marxismo come storicismo. A loro volta non pochi avversari, invece di risolvere con rigore il problema preliminare della distinzione fra i vari storicismi, si sono lasciati dominare da preoccupazioni ideologiche piuttosto che storiche e teoriche.

L'insistenza sulla miseria dello storicismo ha fatto appello non tanto a idee chiare e distinte – quale storicismo era esecrabile? – quanto al sentimento di ripugnanza che nel tempo ha sempre accompagnato posizioni e "ismi" poco ortodossi, e conturbanti, condannati con giudizi di valore a *priori*.

Tali, specialmente, le dottrine che mettono in crisi le sicurezze; gli scetticismi e i relativismi, non a caso identificati spesso con lo storicismo. Contemporaneamente peraltro, simmetrica alla condanna, si è avuta una sorta di apologetica, di natura anch'essa ideologica. Basti, in proposito, richiamare il confronto fra Croce e Popper, e quanto Popper ebbe a scrivere nella prefazione all'edizione italiana dell'opera *Miseria dello storicismo*, lasciando ad altri, com'egli diceva, "il compito di analizzare" quanto fossero convergenti o divergenti il suo modo d'intendere lo storicismo e quello di Croce, col cui "liberalismo" – che per Croce si radicava proprio nello storicismo – si dichiarava "certamente d'accordo". La questione non era davvero irrilevante e solo di nomi; né, comunque, il "nome" come invece Popper credeva – era poco importante. Chi non abbia sciolto prima certi nodi preliminari, non può né discutere di "storicismo" né condannarlo o esaltarlo. Per usare una sintesi efficace della questione «il termine “storicismo” – così come si è venuto diffondendo a partire dagli anni venti, dapprima in Germania, poi in Italia – è stato impiegato per indicare posizioni filosofiche (e anche non filosofiche) disparate, recando quasi sempre una carica polemica o, al contrario, elogiativa che gli ha impedito per lungo tempo di essere assunto a contrassegno di un'impostazione storiografica comunemente accettata» (3).

Non a caso, perciò, a proposito di un dibattito piuttosto recente sullo storicismo, F. Bianco che ne ha raccolto le relazioni ha scritto: «Nella complessa gamma di posizioni e nell'ampio arco di tempo (...) qui rappresentati lo storicismo ci è apparso non soltanto un fenomeno multiforme e difficilmente riconoscibile a un comune denominatore, ma anche – e forse soprattutto – un elemento, un principio in grado di combinarsi con i più diversi orientamenti della riflessione odierna (...). Occorre ricercare che la sua eredità sopravvive in molte forme nelle correnti filosofiche» (4).

Gli è che lo storicismo da una sua prima decisa affermazione nel pensiero del Vico, il quale coglie il senso di uno sviluppo storico dell'uomo secondo una linea “ideale eterna”, è passato a nuove interpretazioni e approfondimenti. Del resto, nella riflessione della filosofia europea dei secoli XVII e XVIII, l'*interesse per la storia* era stato in gran parte suscitato o favorito dal più celebre ritmo del progresso civile, che aveva acuito – sostiene M. Laeng – tutti i processi di revisione e di ricostruzione, proponendo più volte il quesito del valore della tradizione, dell'equilibrio tra conservazione e rinnovamento, del passaggio dal vecchio al nuovo.

La prima fase di questa attenzione era stata soprattutto negativa: il periodo illuministico, proponendosi un programma di radicale riformismo fondato sulla ricerca razionale delle leggi naturali dell'economia, del diritto, della politica, dell'educazione e della religione, batté in breccia tutte le istituzioni “positive”, identificando in esse delle deformazioni artificiose della natura: e fu quindi in polemica spesso mordente con il passato.

La seconda fase dell'attenzione al problema della storia fu invece prevalentemente positiva; il periodo romantico rimproverò agli illuministi le colpe d'astrattismo e d'utopismo, e cercò di ravvisare nella storia una continuità viva, nella quale il presente si salda al passato e ne sviluppa le premesse, pur superando incessantemente ogni limite provvisorio già raggiunto (5).

In effetti, la cultura illuministica – scrive S. Cambareri – rappresentò l'autocoscienza o *consapevolezza storica* della borghesia, espressione di una fondamentale esigenza di rinnovamento che, prima della materiale conquista del potere politico ha saputo egemonizzare la propria cultura, determinando una *riforma delle coscienze e dei metodi di conoscenza*. Si fa giustizia, così, del preteso antistoricismo illuministico e si verifica – continua il Cambareri – il giudizio di Cassirer per il quale «l'opinione ... che il secolo XVIII sia stato un secolo specificamente *antistorico* non è... una concezione storicamente motivata e motivabile; è, invece, un grido di battaglia e una frase coniata dal romanticismo per muovere guerra sotto questa insegna alla filosofia dell'illuminismo» (6).

Proprio nel periodo illuministico erano stati avviati i moderni studi storiografici: esso fu l'età del Muratori, del Robertson, del Gibbon: in esso si fecero storiografi pure i filosofi, come il Leibniz (*Annales Brunsvicienses*), lo Hume (*History of England*), il Voltaire (*Le siècle de Louis XIV*): soprattutto, in esso fiorirono le prime concezioni critiche moderne della storia, quella del Vico appunto e quelle del Lessing e dello Herder, che preannunciarono nuovi sviluppi di pensiero destinati a varcare i limiti della stessa epoca (7). Fu così che si affermarono nel clima culturale romantico le posizioni storicistiche, Schlegel, Novalis, Schelling, Goethe, Schleiermacher, Humboldt furono tra i protagonisti.

Con Hegel, lo storicismo conobbe uno sviluppo: la "storia del mondo" viene ricondotta al divenire dialettico della coscienza. Questa concezione venne in seguito ripresa e trasformata dal marxismo approdato al materialismo storico. Intanto, nella seconda metà dell'Ottocento cresceva l'interesse per gli studi storiografici, in particolare quelli di Ranke e di Droysen, da questi doveva poi svilupparsi la corrente di pensiero storicistica tedesca di W. Dilthey, W. Windelband, H. Rickert, G. Simmel, M. Weber, O. Spengler, E. Troeltsch, F. Meinecke. Qui all'interpretazione romantica del processo storico come realizzazione di un principio spirituale infinito (Hegel) e di ogni avvenimento come manifestazione individuale dell'agire dello "spirito del mondo" o di un particolare "spirito del popolo" nel quale si incarna lo "spirito del mondo" è contrapposta l'interpretazione della storia come opera degli uomini, cioè dei loro rapporti reciproci, condizionati dall'appartenenza a un processo temporale. La storicità non designa più la derivazione da un principio assoluto, ma diventa un attributo costitutivo dell'esistenza umana. È una corrente di pensiero che ha il proprio centro nel dibattito metodologico sulla possibilità delle scienze storico-sociali, all'interesse del quale si accompagna lo sforzo di definire la struttura oggettiva del campo di ricerca delle stesse (8). La conoscenza storica si distingue e per oggetto e per strumenti dalla conoscenza naturale: generica, uniforme e ripetibile nei suoi oggetti questa, con il carattere della individualità quella, la cui operazione fondamentale consiste nel *comprendere*, diversamente spiegato dagli storicisti ma al quale in ogni caso è stata riconosciuta la capacità di constatare e descrivere le individualità storiche (9).

Il lavoro metodologico che lo storicismo tedesco ha iniziato nel campo delle scienze culturali è stato continuato e portato avanti da due indirizzi: quello che tende a riportare lo schema esplicativo delle scienze culturali all'altro delle scienze naturali e a riconoscere nella *spiegazione causale* l'unica spiegazione possibile in ogni campo del sapere (Otto Neurath, C.G. Hempel, P. Gardiner); e quello che tende invece a chiarire la natura di una *spiegazione condizionale*, ritenuta specifica delle scienze culturali (R. Aron, M. Bloch, H.I. Marrou, Butterfield, P. Rossi, W. Dray, H. Stuart Hughes, J.H.Randall) (10).

Ma bisogna anche vedere come tale movimento sia entrato in rapporto con i vari orientamenti filosofici, in particolare con il materialismo storico e con l'esistenzialismo: Nel caso dell'esistenzialismo – osserva il Rossi – la concezione diltheyana della storicità ha costituito una componente fondamentale del pensiero di Heidegger, che sulla base di essa è pervenuto a definire la struttura ontologica dell'esserci in quanto "essere nel mondo"; e anche in Jaspers si può trovare un richiamo esplicito a Weber, interpretato in senso metafisico. (...) Nel caso del materialismo storico si tratta invece di una vera e propria fecondazione reciproca, che ha la propria base nella reazione alla critica weberiana della concezione materialistica della storia e nel conseguente sforzo di recuperare il significato originario della dottrina di Marx. (...) Rifiutando la tesi del condizionamento unilaterale del processo storico da parte dello sviluppo economico, e quindi la contrapposizione tra struttura e sovrastruttura, Weber si propone di mostrare l'insostenibilità dell'interpretazione engelsiana del materialismo storico.

Per far fronte a tale critica Lukács respinge l'interpretazione engelsiana come prodotto di una deformazione positivistica della dottrina di Marx, per richiamarsi, in *Geschichte und Klassenbewnsstsein* (1923), al metodo dialettico quale fondamento di comprensione del processo storico. D'altra parte Mannheim indica nella considerazione sociologica della storia il risultato più importante dello storicismo, proponendosi di studiare le manifestazioni culturali in quanto espressione dell'essere storico-sociale; è in *Ideologie und Utopie* (1929) perviene a definire i presupposti metodologici della sociologia del sapere (11).

In Italia la linea storicistica ha trovato una sua nuova espressione nella ispirazione alla tradizione idealistica. Il Croce ne è stato il principale interprete; e il suo "storicismo assoluto", eliminato ogni residuo di trascendenza, riduce tutta la realtà a storia: la storia come storia dello Spirito infinito, come progressiva ascesa alla libertà.

«"Storicismo", nell'uso scientifico della parola, – scrive Croce – è l'affermazione che la vita e la realtà è storia e nient'altro che storia. Correlativa a quest'affermazione è la negazione della teoria che considera la realtà divisa in soprastoria e storia, in un mondo d'idee o di valori, e in un basso mondo che li riflette, o li ha riflessi finora, in modo fuggevole e imperfetto, e al quale converrà una buona volta imporli facendo succedere alla storia imperfetta, o alla storia senz'altro, una realtà razionale e perfetta. E poiché questa seconda concezione è nota col nome di "razionalismo astratto" o "illuminismo", lo storicismo si svolge in opposizione e polemica contro l' "illuminismo", e sopr'esso s'innalza» (12).

Ed ancora: «lo storicismo vero, in tanto critica e vince il razionalismo astratto dell'illuminismo, *in quanto è più profondamente razionalista di esso* e, correggendone l'astrattezza, ne accoglie e attua l'esigenza col sostituire alle idee pseudo-assolute dell'illuminismo le assolute categorie e la sintesi a priori dell'esperienza. Cosicché non è poi costretto a scendere a patti con quel che si suol chiamare l' "irrazionale", e che tale sembra all'illuminismo che lo dispiega e vuole strapparlo e buttarlo via; perché lo storicismo, con l'accettarlo e col comprenderlo nell'ufficio che ádempie, lo scopre a suo modo razionale e ne definisce le forme peculiari, prima non intese o non bene intese. Né può porre a sé accanto o sopra di sé la rivelazione religiosa o l'adorazione del mistero e l'agnosticismo, cose incomportabili con l'esser suo, che non conosce altra rivelazione se non quella che il pensiero fa di sé a sé con la critica, nessun mistero fuori del continuo superamento del mistero che si compie pensando, nessun agnosticismo che non sia ignoranza che si risana e nessuna realtà oltre la storia, che è assoluta immanenza» (13). Di qui la critica del Croce al Meinecke che invece fa consistere lo storicismo nell'ammissione di quel che d'irrazionale è nella vita umana, nell'attenersi all'individuale senza per altro trascurare il tipico e il generale che vi si lega, e nel proiettare questa visione dell'individuale sullo sfondo della fede religiosa o del religioso mistero. «È la posizione intellettuale – continua il Croce – già nota come quella del Ranke, di cui il Meinecke si dimostra fedele e fervente discepolo e che ammira a segno da tenerlo il genio stesso dello storicismo, lo storicismo nella sua manifestazione più perfetta» (14).

E relativamente alla fiducia espressa dal Meinecke che «lo storicismo risanerà le ferite che ha inflitte con l'aver reso relativi i valori, posto che vi siano uomini che lo convertano in schietta vita», il Croce dice che egli coglie nel vero, ma pecca nel supporre che lo storicismo abbia in qualche modo danneggiato la saldezza dei valori, laddove li ha tolti dal cielo dell'astratto, impiantandoli saldamente nella realtà della storia, e così ne ha assicurato l'inesauribile vitalità. Se dalla storiografia non si trae forza morale, la colpa (come il Meinecke ben dice) è unicamente di chi non la sa "convertire in vita schietta" (15).

Nello storicismo di Croce si riflettevano in sostanza lo scontro politico e la battaglia ideologica di quegli anni così drammatici fra le due guerre. Già nel 1930, indicava le radici ideologiche della lotta intorno allo storicismo, vero o falso: «Sono coteste, senza dubbio, e debbono essere, formule filosofiche, ma sotto di esse stanno fatti ben concreti e corpulenti, si muovono le *dramatis personae* della più moderna lotta politica, quali l'imperialismo e nazionalismo, il socialismo marxistico, lo statalismo che si decora del nome di "etico", la ripresa cattolica e clericale, e via enumerando. Fatti che preesistevano all'ultima grande guerra e in parte la produssero; ma che la guerra ha esasperato». E continuava: «L'antistoricismo odierno, dunque, par che non sia già un rovescio e un simbolo negativo di nuova sanità, ma impoverimento mentale, debolezza morale, eretismo, disperazione, nevrosi, e, insomma, un'infermità» (16).

Con Gramsci nuove prospettive assume lo storicismo in Italia, interpretato in chiave marxista, "antispeculativa" e "antiteleologica"; tuttavia, della filosofia del Croce, il gramscismo mantiene alcune tesi, come, la storicità del reale e il carattere privilegiatamente storico-idiografico della conoscenza del mondo umano (17), quindi l'uso polemico dello storicismo, prima contro il positivismo – e la concezione positivistica del socialismo – poi per una nuova interpretazione del marxismo come filosofia della prassi, e contro ogni concezione disposta a vedere nella storia l'espressione di un' "intima e infallibile razionalità", che procede "con interna necessità", contro l'assoluto che è e resta assoluto anche se non è «una realtà immota al di là delle stelle, ma il processo stesso del reale, cioè la storia» (18).

Ma qui si colloca anche la radice del distacco da Croce, il cui storicismo Gramsci tacciava di "falso storicismo". Scriveva: «Questo storicismo da moderati e da riformisti non è per nulla una teoria scientifica, il "vero" storicismo; è solo il riflesso di una tendenza pratico-politica, una ideologia nel senso deteriore. Infatti perché la "conservazione" deve essere proprio quella data "conservazione", quel dato elemento del passato? E perché si deve essere "irrazionalisti" e "antistoricisti" se non si conserva proprio quel determinato elemento?

In realtà, se è vero che il progresso è dialettica di conservazione e innovazione e l'innovazione conserva il passato superandolo, è anche vero che il passato è cosa complessa, un complesso di vivo e di morto, in cui la scelta non può essere fatta arbitrariamente, a priori, da un individuo o da una corrente politica. Se la scelta è stata fatta in tal modo (sulla carta) non può trattarsi di storicismo ma di un atto di volontà arbitrario, del manifestarsi di una tendenza pratico-politica, unilaterale, che non può dare fondamento a una scienza, ma solo a una ideologia politica immediata» (19). Ed ancora: «Stabilire con esattezza il significato storico e politico dello storicismo crociano significa appunto ridurlo alla sua reale portata di ideologia politica immediata, spogliandolo della grandezza brillante che gli viene attribuita come di manifestazione di una scienza obiettiva, di un pensiero sereno e imparziale che si ricolloca al di sopra di tutte le miserie e le contingenze della lotta quotidiana, di una disinteressata contemplazione dell'eterno divenire della storia umana» (20).

Nell'intreccio di temi e di problemi presenti nello "storicismo" o più propriamente negli "storicismi" è da vedere dunque l'origine di una vasta letteratura polemica, come quella sviluppatasi a seguito dello storicismo tedesco e che, volendo stabilire l'equazione tra storicismo e relativismo, ha obiettato allo storicismo o la sua incapacità di garantire la normatività dei valori e l'opera della ragione, Leo Strauss (*Natural Right and History* [*Diritto naturale e storia*] 1953), o il tentativo di sostituire all'autentica fede religiosa una fede fittizia, Karl Löwith (*Meaning in History* [*Significato della storia*], 1949); ma anche, volendo negare quell'identificazione, ha visto nello storicismo la difesa dei valori umani, Theodor Litt (*Die Wiedererweckung des geschichtlichen Bewusstsein* [*Il risveglio della coscienza storica*], 1956), o addirittura una manifestazione dell' "essenzialismo" cioè della metafisica tradizionale e, parzialmente,il ricorso a schemi scientifici superati per il loro carattere metafisico, Karl Popper (*The Poverty of Historicism* [*La povertà dello storicismo*], 1944) (21).

Le critiche e le polemiche sono perciò di diversa natura e la condanna o l'esaltazione non cessano di ripresentarsi. Vi è chi, come Carlo Antoni, sottolinea che il giudizio storico libera ed appiana la nostra coscienza etica. Scrive: «Questa libera concezione dialettica, che vede nella storia il dramma doloroso della vita, ma anche la sua invenzione, genialità, felicità, affranca dalla schematica obbligatorietà dell'ordine hegeliano, l'ultima forma dell'*ordo temporum* dei teologi, e celebra la nostra libertà e responsabilità di fronte alla storia» (22). L'Antoni riconosce che l'antistoricismo contemporaneo «è qualcosa di serio e d'amaro, come tutte le forme di scetticismo che reagiscono al facile ottimismo, alla serena fiducia nella provvidenziale buona stella (...). Oscuramente si avverte in questa crisi (...), il bisogno d'un riesame della posizione dell'individuo nella storia del problema sempre nuovo comune a tutte le religioni e a tutte le filosofie, del rapporto fra l'individuo e il tutto» (23). E vi è chi, come il Pareyson, insiste ad attribuire allo storicismo «l'impossibilità di affrontare il presente con categorie destinate al passato: un comprendere che giustifica tutto, rinuncia a giudicare e agire» (24); altri, come il Ciardo, ribadisce che la storia non è natura fisica: «quest'ultima è intellegibile, ossia scientificamente constatabile, ma non valutabile moralmente; la storia oltre che intellegibile dev'essere moralmente valutabile, perché senza questo ultimo atto la storiografia si rivela mera cronaca senza luce di giudizio storico, o un modo inconsapevolmente sofisticato e obliquo di assolvere, ritenendo obiettivamente necessarie solo perché accadute, le più orrende scelleratezze» (25). Il giudizio morale riporta il fatto storico «ad una responsabilità che è intrinseca autonomia e moralità – osserva il Ciardo – e intende nel suo valore di positività e universalità il fatto medesimo, e quindi atto di intellezione» (26). Rileva ancora lo studioso che il falso storicismo non riesce a liberare il presente dal peso fatalistico del passato, perché mai può riuscire a comprenderlo nella sua intrinseca natura. Ed allora il passato, la storia, si trasforma nella necessità storica. «Ma che cosa ha da vedere – si domanda il Ciardo – il concetto autonomistico e dialettico della razionalità della storia, concetto proprio del vero storicismo, col concetto di necessità storica di un razionalismo astratto e vuoto che scaccia arbitrariamente dal pensiero umano quello che è il suo prodotto e glielo pone dinanzi come cosa estranea?» (27). E il Franchini (28), a proposito delle deduzioni infondatamente tratte dallo storicismo moderno italiano (quello crociano), scrive che la più caratteristica, e ripetuta di frequente, è quella che vuole attribuire al termine storicismo una sorta di necessitarismo storico, di tipo crudamente hegeliano, quasi che il riconoscimento teoretico dell'accaduto significasse abolizione della possibilità di farne oggetto di parenesi o di azione morale. Si tratta – come dice il Croce – del cosiddetto storicismo «che si presenta non già come semplice riconoscimento teoretico della necessità del fatto accaduto (il quale, se è accaduto, ha ben diritto di essere considerato come parte o momento della realtà), ma come adeguazione pratica dell'accaduto, sottomissione a questo, trasfigurato in una legge a cui si deve obbedienza, astensione da ogni atto che miri a cangiare la situazione che si è formata, e anzi obbligo di adeguarsi secondo le proprie forze a consolidarla.

Senonché codesto non è storicismo né forma particolare di storicismo, ma fiacchezza e ipocrisia morale». Il Mandelbaum, pur riconoscendo la varietà dello storicismo, tenta di darne una definizione comprensiva, affermando che: «storicismo è la credenza che un modo adeguato di intendere la natura e il valore di un fenomeno consiste nel coglierne la posizione e la funzione, in un processo di sviluppo» (29).

Ancora dunque su che cosa è da intendere per storicismo, sul suo significato e sulla sua funzione, ma l'indagine rivolta ad accertare le dimensioni dello storicismo – come ha precisato il Tessitore – risponde comunque ad una esigenza di chiarificazione non solo teoretica ma storiografica ai fini di distinzioni e di determinazioni in cospetto di un fenomeno tanto complesso e tanto vasto, e riflette altresì l'esigenza di porsi sulla linea di quella rivendicazione del giudizio prospettico, operata dalle scienze morali negli ultimi due secoli, che, al di là di ogni relativismo condannato dallo stesso storicismo che ha superato così il trionfalismo ottimistico come il pessimismo singolaristico e solipsistico, è connaturata all'interesse contemporaneo per il microscopico in cui l'uomo ha scoperto la dimensione moderna del *nihil humani alienum*, attraverso lo sforzo di raggiungere la verità del certo in una conversione di vero e certo che, vichianamente, significa comprensione dell'aperta dialetticità tra *vis veri* e *vis facti* (30).

Qui riteniamo di potere affrontare senza equivoci, e quindi al di fuori di ogni contingenza strumentale, l'analisi della problematica educativa in quattro pensatori, Vico, Cuoco, Croce, Gramsci, che, animati da uno stesso interesse storicistico dinamico e umanisticamente progressivo, hanno autonomamente interpretato il problema educativo.

## Riferimenti bibliografici


(1) EUGENIO GARIN, *Storicismo* in *Enciclopedia del Novecento*, Roma, Treccani, 1984, p. 219.
(2) *Ibidem*, p. 215.
(3) *Ibidem*, p. 214.
(4) FRANCO BIANCO (a cura di), *Dibattito sullo storicismo*, Bologna, Il Mulino, 1978, p. 56.
(5) MAURO LAENG, *La pedagogia del Neocriticismo e dello Storicismo in Germania*, in *Nuove Questioni di Storia della Pedagogia*, Vol. III, Brescia, La Scuola, 1977, p. 127.
(6) SERAFINO CAMBARERI, *Alle origini della pedagogia borghese*, Messina, Ed. Sfameni, 1983, pp. 15-16.
(7) MAURO LAENG, *La pedagogia del Neocriticismo e dello Storicismo in Germania*, cit. p. 127.
(8) PIETRO ROSSI, *Lo storicismo contemporaneo*, Torino, Loescher, 1977, pp. X, XIII, XVIII.
(9) NICOLA ABBAGNANO, *Storia della Filosofia*, Vol. III, Torino, UTET, 1974, pp. 555-556.
(10) *Ibidem*, pp. 584-585.
(11) PIETRO ROSSI, *Lo storicismo contemporaneo*, cit., pp. XXIV-XXV.
(12) BENEDETTO CROCE, *La storia come pensiero e come azione*, Bari, Laterza, 1954, VI Ediz. p. 53.
(13) *Ibidem*, p. 55.
(14) *Ibidem*, pp. 54-55.
(15) *Ibidem*, p. 76.
(16) BENEDETTO CROCE, *Antistoricismo* in "La Critica", 1930, XXVIII, pp. 406-407.
(17) *Enciclopedia Garzanti di Filosofia*, Milano, 1981, p. 906.
(18) CARLO ANTONI, *Storicismo e antistoricismo*, Napoli, Morano, 1964, p. 35.
(19) ANTONIO GRAMSCI, *Il materialismo storico e la filosofia di Benedetto Croce*, Roma, Editori Riuniti, 1991, pp. 276-277.
(20) *Ibidem*, p. 278.
(21) NICOLA ABBAGNANO, *Storia della Filosofia*, cit. pp. 583-584.
(22) CARLO ANTONI, *Storicismo ed antistoricismo*, cit., p. 87.
(23) *Ibidem*, pp. 50-51.
(24) LUIGI PAREYSON, *Valori permanenti nel divenire storico,* in *Eternità e Storia*, Firenze, Vallecchi, 1970, cfr. le pagine 16-19, dove l'autore al *passato* oppone la *tradizione* la quale avrebbe un carattere essenzialmente originario e ontologico ritenuta fondamentalmente "ascolto dell'essere".

(25) MANLIO CIARDO, *Le quattro epoche dello storicismo*, Bari, Laterza, 1947, p. 366.
(26) *Ibidem*, p. 267.
(27) *Ibidem*, p. 365.
(28) RAFFAELLO FRANCHINI, *La teoria della storia di Benedetto Croce*, Napoli, Morano, 1966, pp. 158-159.
(29) M. MANDELBAUM, *History, man, and reason. A study in nineteenthe century thought*, Baltimore-London, 1971, p. 42.
(30) FULVIO TESSITORE, *Dimensioni dello storicismo*, Napoli, Morano, 1971, pp. 7, 8.

*Capitolo secondo*

# Aspetti pedagogici dello storicismo

Uscire dallo storicismo è ardua cosa – è stato detto –; le insoddisfazioni di coloro che si sono soffermati a riflettere sulle formulazioni della dottrina quali storicamente si ebbero in passato (e che per questo non potevano rispondere ai problemi che il pratico fare, nel suo "alto primato", oggi pur continua a porre) ci danno ragione del fatto che si tenti di uscirne fuori. Eppure – sostiene Gioacchino Gargallo di Castel Lentini – in quanto appunto il nuovo stimolo porti ad affermazioni di verità, di uscire dallo storicismo non vien fatto; poiché esso altro non è se non il pensare stesso, «la logicità intesa in modo adeguato» di cui parlava Croce: se ne esce quando si esce dalla teoresi: vi si rientra, *historistes malgré soi*, o non se ne esce affatto, quando lo si affina alla cote dei nuovi problemi che gli si propongono: ed è, questo, nient'altro che un affinarsi, un migliorare, un progredire del pensiero: ciò che il Gargallo di Castel Lentini suole definire l'*espressività* della struttura logica (1). Ma chiarisce ancora lo studioso: bisogna tenere presente che quando cerchiamo nella storia i precedenti di un pensiero e di un operare e ci dimentichiamo di considerarli come materiale con cui quel pensiero è costruito, per considerarli invece quasi carnali genitori di esso, cadiamo in un implicito causalismo (di cercare il poi nel prima, qual figlio nel *semen* del genitore ecc.); per questo spesso ci meravigliamo delle variazioni imponenti in seno a quelle che chiamiamo "scuola" e "corrente", e che confondiamo arbitrariamente quasi con un *phylum* biologico (che pur esso, poi, muta); mentre in effetti scuola e corrente sono astrazioni (2). Che cosa bisogna allora scorgere nello storicismo? Una logica sempre rinnovata sotto la spinta del pratico fare, dei nuovi problemi che perennemente la modificano: ecco perché non rinunziare ad un termine che così bene esprime la storicità del reale (3).

È una precisazione questa del Gargallo di Castel Lentini generica sì ma che serve da stimolo a non cercare di restringere lo storicismo nei confini di un dato modello, monoliticamente rifinito e programmaticamente definito (4), a non accogliere o confutare lo storicismo nella sua totalità, proprio per la variegata realtà in cui si è espresso e la ricchezza di significati ad esso sottesi. Cogliere la fondamentalità del significato dello storicismo sul piano pedagogico è pertanto ciò che ci si propone di evidenziare. Ad introdurre il problema valgano alcune osservazioni di Alfredo Parente che nel trattare della dicotomia della conoscenza storica pone in evidenza aspetti educativi dello storicismo. Egli afferma: «Lo studio del passato, remoto o prossimo, non è una ricerca filosofica in senso stretto, bensì l'esplorazione *in re*, nel moto della vita, ossia nel teatro del mondo, dei principii e delle forze che governano la storia. In questo senso si può dire che la storia è maestra della vita. È maestra per l'evidenza in cui, nella sua dialettica di positivo e di negativo, ossia lungo il faticoso dramma del suo svolgimento, pone il meccanismo e le leggi che ne regolano il moto. Maestra è perché, grazie alla conoscenza di essa, è possibile penetrare nei segreti della perenne creazione, della quale siamo noi medesimi partecipi come attori o protagonisti. Siamo dinanzi alla lezione, per così dire indiretta o di generica pedagogia, che ci offre la storia, dinanzi a uno dei due aspetti fondamentali in cui svolge la serrata relazione, il circolo da Croce descritto della "storia come pensiero e come azione", in cui la storiografia è il momento del conoscere nella sua concretezza, nella sua più alta e complessa espressione, e l'azione è il momento della volontà nel più vario atteggiarsi delle forme dello spirito, cioè della vita che è spirito» (5). Scriveva Croce: «Noi siamo prodotto del passato, e viviamo immersi nel passato, che tutt'intorno ci preme. Come muovere a nuova vita, come creare la nostra nuova azione senza uscire dal passato, senza metterci di sopra di esso? E come metterci di sopra del passato, se vi siamo dentro, ed esso è noi? Non v'ha che una sola via d'uscita, quella del pensiero, che non rompe il rapporto col passato ma sovr'esso s'innalza idealmente e lo converte in conoscenza. Bisogna guardare in faccia il passato o, fuori di metafora, ridurlo a problema mentale e risolverlo in una proposizione di verità, che sarà l'ideale premessa per la nostra nuova azione e nuova vita. Così ci comportiamo quotidianamente quando, invece di accasciarci sotto le contrarietà che ci hanno colpiti, (...), esaminiamo l'accaduto, ne indaghiamo l'origine, ne percorriamo la storia e, con informata coscienza, seguendo l'intima ispirazione, disegniamo quel che ci convenga o ci spetti di fare, e ci accingiamo, volenterosi ed alacri, a farlo. Così parimente si comporta sempre l'umanità di fronte al suo grande e vario passato» (6). Ecco il pensiero storico abbassare il passato a sua materia, trasfigurarlo in suo oggetto, la storiografia liberarci dalla storia (7). Il giudizio storico, che libera lo spirito dalla stretta del passato e mantiene la sua neutralità, ed attende unicamente a fornire la luce che gli si chiede, sol esso rende possibile il formarsi del pratico proposito e apre la via allo svolgersi dell'azione e, col processo dell'azione, alle opposizioni tra le quali questa si deve travagliare, di bene contro male, di utile contro dannoso, di bello contro brutto, di vero contro falso, del valore, insomma, contro il disvalore (8). In tali guise si passa dalla storiografia, che libera dalla vita vissuta, alla storia vivente, alla storia nuova; e qui le categorie, che formano i giudizi, operano non più come predicati di soggetti, ma come potenze del fare. Del fare nel senso più ampio, utile e morale e artistico e poetico, o quale altro sia, inclusovi il fare filosofico o storiografico, la filosofia-storia, che è tutt'insieme storia del pensiero passato e posizione del nuovo, di un nuovo filosofare, che a sua volta trapasserà a oggetto di storiografia (9).

Dunque, l'altro aspetto dell'utilità, o meglio della funzione della conoscenza storica, che si coglie – osserva ancora il Parente – nella necessità di possedere la più completa e netta nozione dell'oggetto, ossia della realtà entro la quale e sulla quale siamo tenuti ad operare, inserendo la nostra azione nel processo della vita in corso. Che cosa vuol dire "realismo storico" come aspetto indispensabile e come componente positiva dell'azione, se non trasparente visione degli uomini e delle cose, appunto della "realtà" nei confronti della quale ci risolviamo ad agire? Epperò la conoscenza degli uomini, delle cose e delle situazioni storiche garantisce fino ad un certo punto il successo dell'azione, giacché, rimane quel margine di non completa e non approfondita conoscenza e d'imprevisti, per cui ad un certo punto occorre uscire comunque dalla perplessità che paralizza, e dare risolutezza alla volontà.

Sulla storia come cosa compiuta, lo storiografo può realizzare l'atto conoscitivo o sintetico del giudizio, operando la sintesi di concetto o predicato e di rappresentazione o intuizione; mentre la rappresentazione, l'immagine delle cose manca nei giudizi della storia nel suo farsi, giacché, essendo essa di attimo in attimo mutevole, e quindi imprevedibile, l'elemento sensibile o concreto della rappresentazione, indispensabile al giudizio, viene surrogato dall'immaginazione ingannevole della gratuita previsione, che è un'ipotesi, e quindi un simulacro o conato di conoscenza, mancandole, con la rappresentazione, il volto della realtà (10).

Il realismo che dunque si esige non è se non la norma di agire allorché se ne veda almeno la probabilità di un risultato positivo. È questo uno dei pilastri su cui poggia lo storicismo. Ora, sul piano educativo, ispirarsi ai principi dello storicismo non può che significare ispirarsi al metodo della concezione storicistica della realtà e dell'uomo. E poiché la realtà si è rivelata a tale concezione come circolo di teoria e pratica, di conoscenza e volontà, per cui non c'è azione che non sia condizionata da conoscenza e non c'è conoscenza che non sia condizionata da azione, il metodo storicistico dell'educazione consiste – nota Adelchi Attisani – nell'impegno di promuovere, nel soggetto umano in generale, la coscienza storica in quanto si leghi alla coscienza morale e, reciprocamente, la coscienza morale in quanto si leghi alla coscienza storica.

Una pedagogia dello storicismo riposa, quindi, sulla consapevolezza dell'unità indissolubile del processo di teoria e pratica, ma riposa ugualmente sulla coscienza della distinzione, e della diversa funzione, di teoria e pratica. Se la conoscenza storica è mossa da un bisogno morale ed è compiuta in funzione dell'azione da attuare, tale conoscenza deve essere *realmente conoscenza*, non turbata e inficiata da inframmettenze della praxis, da passioni e tendenze che, viziando la visione storica delle cose, per ciò stesso ne fanno una debole e inadeguata base di azione pratica. Parimenti, se la determinazione pratica e morale è il presupposto della conoscenza storica, essa deve essere veramente atto di volontà, concreto fare pratico, escludente in quanto tale (e cioè *formaliter*) qualunque immistione di elementi teoretici.

L'educazione dello storicismo, in quanto fondata sulla consapevolezza della concretezza spirituale come unità dialettica di teoria e pratica, non potrà, dunque, non esplicare la sua opera, il suo intervento con eguale energia sull'intelletto e sulla volontà, ma, proprio perché la coscienza della loro unità dialettica è coscienza della loro reciproca condizionalità e del loro circolo, non promuoverà ciascuna di quelle attività se non nella misura nella quale essa possa armonizzarsi con l'altra, ossia possa condizionare la produttività dell'altra.

Ma la conoscenza, da sola, non basta alla funzione morale: la condiziona, non la determina. Non bastano, lucidità di concetti e chiara visione della realtà per agire in essa: ci vuole ancora l'*azione*, vale a dire sentimento, impulso, iniziativa, che quei concetti e percezioni non producono. Questi conferiranno alla serietà delle risoluzioni pratiche, ma non daranno ad esse l'impulso, che scaturisce da altro: dalla volontà, appunto.

L'educazione della praxis deve dunque agire direttamente sulla praxis.

Come? – si domanda l'Attisani. Non bisogna dimenticare quell'importante momento che segna come il passaggio dalla teoria alla pratica e che è, già, *in nuce*, la pratica stessa: il *sentimento*, che sorge sulle conoscenze storiche come *giudizio di valore*. Su questo bisogna imperniare l'educazione pratica e morale: questo momento l'educazione morale deve specialmente utilizzare.

Il giudizio o conoscenza storica si prenda come punto di partenza per l'educazione morale: ma i fatti, una volta conosciuti nella loro obiettività, siano commentati o rilevati in guisa che si accenda su di essi, come fatti presenti e attuali che esigono un nostro pratico comportamento, il sentimento di approvazione o riprovazione, che non tarderà a produrre, col desiderio o l'avversione, una disposizione o un abito pratico, pronto alle decisioni conformi appena la situazione di fatto le richiederà.

Conclude l'Attisani che l'educazione storicistica è educazione alla vita come unità di teoria e pratica, come processo onde dalla praxis, tramite la theóresis, scaturisce nuova praxis in un divenire senza posa, che è storicità perché è razionalità ed è razionalità perché è storicità. E poiché la praxis si compie nella coscienza e azione morale, e la theóresis, che la media e illumina, è promossa e attuata in funzione di quell'azione, – l'educazione dello storicismo, nella sua globalità, anche quando attende a svolgere i poteri conoscitivi, anche quando sembra rinserrata entro compiti di mera istruzione, per il fine a cui tende – e che è la personalità integrale dell'individuo, in quanto "individuo storico" – e in quanto tenda seriamente a quel fine, assume tutta quanta il carattere di educazione morale, di stimolo e promovimento, cioè, della sensibilità e coscienza morale dell'individuo (11).

Una relazione organica corre dunque tra storicismo e pedagogia. L'incivilimento dell'uomo, una globale visione della vita, l'incremento e miglioramento di essa, il totale coinvolgimento delle forze ed attività dell'uomo costituiscono punti forti del nesso pedagogia-storicismo. A focalizzare e a chiarire tale rapporto hanno contribuito gli autori che qui vogliamo analizzare: Vico, Cuoco, Croce, Gramsci. I diversi contesti storico-culturali in cui tali autori hanno maturato il loro pensiero, così come il modo diverso di rapportarsi al problema educativo, comunque esso sia stato trattato, in maniera esplicita o implicita, non impediscono di scorgere un filo conduttore comune, una direzione univoca ideale che converge nel medesimo interesse al senso storico, nel nesso teoria-pratica, individuo-società, volontà-libertà, spontaneità-disciplina, educazione-svolgimento spirituale e civile.

*Verum et factum*, filologia e filosofia sono i presupposti da cui Vico trae i motivi per fondare il suo storicismo, la sua concezione dell'uomo quale artefice dell'incivilimento delle nazioni, e quindi responsabile degli arresti o regressi dello stesso. L'incivilimento è opera dell'uomo nella cui natura la Provvidenza ha posto la tendenza al raggiungimento di quello, una tendenza che può trovare esiti positivi, come esiti negativi, a seconda dell'impegno che l'uomo liberamente e responsabilmente pone in atto. Constatato che l'incivilimento è opera dell'uomo, della sua libera volontà che risponde alla tendenza posta da Dio nella sua natura, Vico deduce la responsabilità umana nello svolgimento del corso storico, la problematicità che esso presenta tra l'essere e il dover essere, tra contingenza e trascendenza, deriva anche l'idea dell'educazione come promozione di capacità conoscitive ed etiche con le quali l'uomo è in grado di sollevarsi dalla corruzione, percorrendo il cammino che dal "certo" della esperienza lo conduce al "vero della *ragione tutta spiegata*" per realizzare il "divino" di cui la *Provvidenza* l'ha dotato quale condizione necessaria e mezzo sufficiente della sua perfezione.

È proprio il senso speculativo e storico che consente al Cuoco – scrive lo Sciacca – di abbandonare «le astrattezze della pedagogia rivoluzionaria e d'inverarne i princìpi» (12), così come il Garin giudica quella del Cuoco «analisi originalissima dell'astrattezza dello spirito rivoluzionario, inteso come sistematico dottrinarismo che vuol imporsi indifferentemente ad ogni concreto stato di fatto» (13). Il Calò ritiene "grandissima" l'importanza del Cuoco nella storia della pedagogia italiana, poiché il Cuoco «è il primo a porre con chiarezza ed efficacia somme il problema nazionale come problema essenzialmente educativo e il problema educativo come problema essenzialmente di formazione della coscienza nazionale» (14). E il Cortese, a proposito del *Rapporto*, afferma che «per il nuovo spirito che lo pervade si distacca dalla letteratura pedagogica della Rivoluzione e delinea quello che sarà il nuovo problema educativo» (15).

Gli è che posizione politica e posizione educativa nel Cuoco nascono da una medesima esigenza di concretezza, di aderenza al reale. «Leggi e costumi, ecco i due principali oggetti di tutta la scienza di governare le città» – osserva il Cuoco. «Le prime debbonsi dedurre dalla cognizione dell'ordine eterno di tutte le cose, che è per la sua natura sempre buono, sempre vero, sempre lo stesso; (...). Se un ordine universale vi è, sarebbe stoltezza credere che siavi invano. E, se non è invano, è ragionevole pensare che quelle cose si stien bene, che a tale ordine si adattano; quelle altre male, che dal medesimo si discostano.

La legge è sempre una, perché la natura dell'intelligenza è immutabile. Mutabile è la natura della materia, di cui gli uomini sono in gran parte composti; e quindi è che i costumi inclinan sempre ad allontanarsi dalla legge. È necessità, dunque, conoscere del pari la natura sempre mobile di questo fango di cui siamo formati, onde sapere per quali cagioni i nostri costumi si allontanano dalle leggi, per quali modi, per quali arti possan ravvicinarsi alle medesime; il che forma l'oggetto di tutta la scienza dell'educazione» (16). Perciò la critica ad ogni forma costituzionale utopisticamente pensata, e quindi erroneamente attivata, ma anche, sulla base della conoscenza della natura dell'uomo, la valutazione dei limiti entro cui l'azione educativa può esercitarsi. E i due problemi, quello politico e quello educativo, nel pensiero del Cuoco si intrecciano, costituendo, in definitiva, l'unità spirituale della nazione il fine cui deve tendere l'opera dei governanti, l'educazione la via per raggiungere tale fine.

Questi sono i due poli attorno ai quali il Cuoco costruisce tutta la sua dottrina, mossa sempre dalla esigenza di formare gli uomini, i cittadini, di riuscire a trovare il possibile accordo tra gli interessi dei singoli e gli interessi della collettività, l'equilibrio tra l'autorità che governa e il popolo che è governato.

Il concetto filosofico crociano della realtà come spirito e della sua circolarità porta come conseguenza immediata il concetto di svolgimento della vita spirituale, di contemperamento delle attività umane, di libertà che non è altro che la stessa coscienza morale, la quale, al pari di essa «non in altro consiste che nel pungolo ad accrescere di continuo la vita, e perciò nel riconoscere in sé e negli altri l'uomo, la forma umana da rispettare e da promuovere nella sua varia capacità creativa» (17).

In questa prospettiva, l'idealistico «Spirito non è Valore assoluto che si esprime nel corso storico, ma il processo stesso della liberazione umana, e la libertà non è l'astratta libertà con la maiuscola, ma questo stesso sforzo di liberazione dall'angusta vitalità di ognuno» (18), se *responsabilità* e *lotta* per la conquista della *libertà*, supremo bene dell'essere umano (e il bene è individuale e collettivo), caratterizzano l'attività spirituale dell'uomo. Sul piano educativo pertanto non si parlerà di identificazione di educazione e spiritualità in genere (e quindi, di pedagogia e filosofia), ma di educazione che, in quanto complesso di sforzi pratici intesi a promuovere e guidare le attività e potenze spirituali, in quanto *azione e intervento educativi*, si identifica o rientra nell'attività pratica dello spirito, ed è perciò materia della Filosofia della pratica; neppure si parlerà di identificazione di educazione e autoeducazione, poggiata sulla concezione dell'unico Soggetto, dell'Io assoluto o universale come autoctisi, appunto perché l'educazione è opera di effettivo e consapevole intervento *hominis ad hominem*, e perciò è impossibile fuori di una concezione della spiritualità come processo di spiriti o individualità, implicante, per via dell'esigenza di complementarità di ciascuno verso ogni altro e verso la totalità, anche il *rapporto educativo* (19): «tutti siamo e dobbiamo e possiamo essere effettivi educatori, ciascuno nella propria cerchia e ciascuno in prima verso se stesso» (20): (pensiero passato pari pari in Gramsci).

Educazione dunque nel Croce non astratta ed unilaterale, educazione con la società in cui si vive, educazione come formazione di soggetti liberi, responsabili, che concorrono allo sviluppo della vita civile.

L'impianto della pedagogia gramsciana è quello storicistico. Scrive lo studioso Nguyen Van Si: «Gramsci nella sua filosofia della praxis, come Marx, identifica l'uomo all'insieme dei suoi rapporti sociali cioè a dire alla sua storia; la pedagogia – o più esattamente, gli elementi pedagogici ... sparsi negli scritti di Gramsci –, nei suoi principi così come nelle sue applicazioni, si basa sull'analisi di questi rapporti storici: i rapporti educativi sono dei rapporti *egemonici* storici dell'uomo con l'uomo e dell'uomo con la natura nei quali entrano in gioco a seconda dei casi la libertà e la volontà, la spontaneità e la direzione in vista della formazione di una nuova società.

La storia non è una successione o un ammasso di fatti fortuiti o di azioni di re e di conquistatori; essa è un processo di sviluppo della vita socio-economica di tutta la società che evolve secondo le leggi determinate della dialettica; la pedagogia basata su questo processo evolutivo tiene conto del passato come del presente, non per ritornare indietro (cosa impossibile perché la storia non è un cerchio i cui punti girano eternamente su se stessi) ma per meglio avanzare; conoscere la necessità che ci circonda, è per meglio accedere alla libertà; dal folklorismo allo spirito scientifico, "da una testa ben piena a una testa ben fatta" come dice Montaigne, il cammino della liberazione che la società deve fare, l'educazione il percorso ma a livello molecolare» (21). Di qui una molteplicità di temi pedagogici che insieme si impongono in una dottrina unitaria ben fondata e non fatalistica, così: la teoria del conformismo dinamico, la critica del concetto meccanicistico di originalità individuale, la prospettiva di formulare un concetto di oggettività del sapere che corrisponda agli universali soggettivi e porti il segno delle diverse sintesi storiche alle quali approda la lotta per l'unificazione culturale del genere umano; l'attenzione per l'intreccio dei rapporti pedagogici non solo nell'ambito scolastico ma più in generale nelle molteplici sedi in cui si esercita una funzione egemonica, e non solo nella loro determinazione attuale ma anche nella loro origine storica; il rilievo concesso allo studio delle condizioni materiali entro le quali si esercita la diffusione delle conoscenze (22).

Si tratta di temi che costituiscono i cardini di una dottrina pedagogica complessa e contrassegnata da carattere di scientificità. Tale scientificità la pedagogia gramsciana mutua dall'istanza storicistica della pedagogia ispirata ai principi formulati da Marx e alle linee direttive del materialismo storico, quindi alla tradizione pedagogica marxista, al Labriola in particolare.

Il carattere scientifico della pedagogia marxista è infatti costituito dalla sua fondazione storico-critica, dall'emergenza della sua analisi del fatto educativo e della formulazione delle sue istanze prospettiche da una disamina obiettiva delle condizioni della realtà economico-sociale, della vita concreta della comunità, dell'intera sua cultura nel suo divenire storico (23).

Nel quadro di questa visione critica del fatto educativo, di una visione generale dello sviluppo della storia e della società, Gramsci individua i principi costitutivi di una pedagogia dell'"emancipazione" e della "promozione umana" (24). Sono al centro della speculazione gramsciana la formazione dell'uomo, la sua esperienza, la sua possibilità di modificazione, la connessione tra uomo-singolo e uomo massa (25), in una linea di sviluppo dove l'individuale si rapporta al sociale, e il sociale all'individuale, dove l'individuale non è assunto come residuale dell'analisi sociale, e la società non è concepita come una sommatoria di singoli (26). Una pedagogia che, vuoi si pensi ad essa come centrale nell'ambito del pensiero gramsciano al punto tale da includere la stessa politica, vuoi si tenda a ribaltare questa posizione pensando ad un primato della politica sull'educazione (27), per la sua ricchezza di strumenti e di analisi è da stimolo a tenere desta una coscienza laica e critica nella ricerca educativa, in un momento in cui gli elementi di un conformismo statico a fondamento individualistico prevalgono su quello di un conformismo dinamico a base progressiva, in un momento in cui la questione scolastica ed educativa, affrontata e governata con ottiche notevolmente distanti da quelle messe a punto da Gramsci, è segnata da grave crisi (28).

In Gramsci ci sono due accentuazioni molto forti: quella del ruolo positivo della scuola e quella della complessità della formazione degli uomini, nella contraddittoria ricchezza del vivere sociale e della vicenda individuale. La sottolineatura di questo secondo aspetto – nota Dario Ragazzini – non va a detrimento della prima. Questo è un punto di grande interesse per la realtà attuale. Non si deve oscillare tra l'accentuazione del ruolo della scuola e quello delle agenzie extrascolastiche, secondo le difficoltà pratiche e teoriche incontrate. Si tratta di verificare la teoria con la pratica e di pensare ad approcci che tengano fermi i due aspetti formativi e le diverse titolarità che si sovraintendono (29): da una parte, la funzione educativa dell'emisfero extrascolastico – e già Gramsci aveva evidenziato la pervasività educativa di aggregazioni come i partiti, i sindacati, le comunità libere o coatte, gli effetti educanti – condizionanti della stampa e dell'editoria (30), le strutture extrascolastiche in Gramsci rispondono, scrive Fabrizio Ravaglioli, alla complessità della nuova realtà sociale, che specifica una ulteriore funzione educativa, quella di regolare il rapporto tra la scuola e il mondo del lavoro (31) –, dall'altra, il ruolo formativo della scuola, se è vero che ad essa le si deve riconoscere il compito di fornire «un criterio di organizzazione critico del sapere» (32), di «orientare i soggetti in senso razionale, critico, creativo» (33).

Gramsci attribuisce alla scuola elementare due obiettivi principali: quello di avviare alle prime nozioni di scienze naturali e contestualmente quello di indicare i fondamentali diritti e doveri del cittadino, cosicché il fanciullo possa essere inserito nel mondo della natura e nel contesto sociale. Scienza – esperienza e società – storicità costituiscono così due capisaldi della cultura scolastica, posto che conoscenza della natura si dà galileianamente sperimentando e che non c'è esame del diritto e quindi dell'organizzazione della società, senza ricostruzione storica, senza coscienza del divenire delle istituzioni umane, coscienza del loro evolversi e svilupparsi (34). Questi due principi, scientificità e storicità, dovranno valere come punti di partenza per individuare un fondamento educativo più generale e complessivo, quel fondamento educativo su cui si fonda l'ipotesi gramsciana di una scuola che prepari tutti a lavorare sia intellettualmente che manualmente. «L'avvento della scuola unitaria significa – per Gramsci – l'inizio di nuovi rapporti tra lavoro intellettuale e lavoro industriale non solo nella scuola, ma in tutta la vita sociale» (35). Qui il Manacorda rileva che il modo di analizzare il rapporto scuola-società di Gramsci può ancora essere ripreso in modo adeguato ai nostri tempi. Questo rapporto ha, nel pensatore sardo, il suo centro nell'industrialismo. Il discorso pedagogico originario di Gramsci, staccandosi subito da quello sugli intellettuali, dal quale era partito, cominciava proprio dallo sviluppo della scienza e delle tecniche nelle società moderne; ma passava subito a criticare lo spontaneo e disgregato adeguarsi ad esso delle strutture e dei curricola scolastici, e a contrapporvi una previsione "razionale" a lungo termine. Anche il nostro discorso – sostiene il Manacorda – non può non partire da lì: dalla constatazione dell'ulteriore sviluppo, imprevedibilmente gigantesco, delle scienze e delle tecniche, e dalla nostra capacità di fronteggiarlo razionalmente, anziché subirlo. Il problema è di saper fare come Gramsci, che scopre le contraddizioni irrisolte nei vari specialismi e non se ne lascia dominare, ma ne trae conclusioni "razionali", cioè conformi alla situazione generale e al fine pedagogico. Il quale non può non essere se non quello di educare ciascun individuo al massimo delle capacità intellettuali e produttive che ne facciano un "contemporaneo della sua epoca". A questo fine dobbiamo commisurare i vari tecnicismi (36).

Dunque, una formazione attenta e sensibile al nuovo, ai mutamenti sociali, agli sviluppi tecnologici, ma al tempo stesso non aliena da quella dimensione storico-culturale – e quindi da quella tavola di valori – senza la quale il soggetto perde la propria identità, né è possibile progettare una sicura linea di progresso, né è possibile dare spessore e concretezza ai principi di uguaglianza, di libertà, ai diritti umani. Contemperare la più autorevole e valida istanza umanistica con una corretta preparazione scientifica, tecnologica, aperta all'informatizzazione, alla computerizzazione, ai nuovi saperi offre un modello educativo scevro da astratte teorizzazioni e da tecnicismi e specialismi, nella loro singolarità di pericolo alla libertà d'azione, ma anche e soprattutto di ostacolo ai non pochi e oggi necessari equilibri da creare per la sopravvivenza dell'umanità tutta (37). E in Gramsci questa apertura non manca.

## Riferimenti bibliografici


(1) GIOACCHINO GARGALLO DI CASTEL LENTINI, *Il senso della storia* in «Rivista di studi crociani», ottobre-dicembre 1966, p. 447.
(2) *Ibidem*
(3) *Ibidem*, p. 454.
(4) FULVIO TESSITORE, *Dimensioni dello storicismo*, Napoli, Morano, 1971.
(5) ALFREDO PARENTE, *Dicotomia della conoscenza storica*, in «Rivista di studi crociani», aprile-giugno 1982, p. 105.
(6) BENEDETTO CROCE, *La storia come pensiero e come azione*, Bari, Laterza, 1954, VI ediz., p. 32.
(7) *Ibidem*.
(8) *Ibidem*, p. 36.
(9) *Ibidem*, p. 38.
(10) ALFREDO PARENTE, *Dicotomia della conoscenza storica*, cit., pp. 105-108.
(11) ADELCHI ATTISANI, *Etica e storicismo*, Napoli, 1967, pp. 113-119.
(12) MICHELE FEDERICO SCIACCA, *La filosofia nell'età del Risorgimento*, Milano, 1948, p. 230.
(13) EUGENIO GARIN, *La filosofia*, Milano 1947, vol. II, p. 454.
(14) G. CALÒ, *Pedagogia del Risorgimento*, Firenze, 1965, p. 2.
(15) NINO CORTESE, *Il Mezzogiorno ed il Risorgimento italiano*, Napoli, 1965, p. 188.
(16) VINCENZO CUOCO, *Platone in Italia*, a cura di Fausto Nicolini, Bari, Laterza, 1924.
(17) BENEDETTO CROCE, *La storia come pensiero e come azione*, cit. p. 254.
(18) ANTONINO BRUNO, *L'ultimo Croce e i nuovi problemi*, Milano, Franco Angeli, 1990, p. 69.
(19) ADELCHI ATTISANI, *Etica e storicismo*, cit.p. 113.
(20) BENEDETTO CROCE, *Storia del Regno di Napoli*, Bari, Laterza, 1967 (ediz. econ.), pp. 254-255.
(21) NGUYEN VAN SI, *Conception de l'education chez. Karl Marx et Antonio Gramsci. Essai de confrontation et de critique*, Roma, Pontificium Athenaeum Antonianum, 1980, p. 107.
(22) ROBERTO MARAGLIANO, *La formazione come campo di lotta*, in «Critica marxista» nn. 2-3, 1987, p. 199.
(23) LAMBERTO BORGHI, *Educazione e scuola in Gramsci*, in *Gramsci e la cultura contemporanea*, Atti del convegno internazionale di studi gramsciani tenuto a Cagliari il 23-27 aprile 1967,vol. I, a cura di Pietro Rossi, Roma,

Editori Riuniti, 1975, p. 209. Un contributo di rilievo alla storia dell'educazione è venuto dalla cultura marxista – afferma Fabrizio Ravaglioli –. Sotto il pungolo della critica di ispirazione marxista una serie di correlazioni degli eventi educativi è stata messa a fuoco; sono stati analizzati i rapporti tra la scuola, la società e il potere, così la cultura pedagogica di tradizione europea ha potuto uscire dal proprio tradizionalismo criticandone gli effetti pratici, oltre che i limiti teorici (Fabrizio Ravaglioli, *Storia dell'educazione* in *Atlante della Pedagogia*, diretto da Mauro Laeng, Napoli, Tecnodid, 1990, pp. 98-99).

(24) Mario Alighiero Manacorda, *La formazione del pensiero pedagogico di Gramsci (1915-26)*, in *Gramsci e la cultura contemporanea*, Vol. II, cit.; dello stesso autore, *Il principio educativo in Gramsci. Americanismo e conformismo*, Roma, Armando, 1970; *L'alternativa pedagogica*, Firenze, La Nuova Italia, 1972; A. Broccoli, *A. Gramsci e l'educazione egemonica*, Firenze, La Nuova Italia, 1972; D. Ragazzini, *Società industriale e formazione umana nel pensiero di Antonio Gramsci*, Roma, Editori Riuniti, 1976.

(25) Dario Ragazzini, *Dall'individuale al sociale* in «Critica marxista» nn. 2-3, 1987, p. 284.

(26) Dario Ragazzini, in «Riforma della Scuola», giugno-luglio 1987, p. 58.

(27) Giuseppe Spadafora, *L'identità negativa della pedagogia*, Milano, Unicopli, 1992, p. 70. L'educazione è nell'ambito della prospettiva gramsciana – scrive lo Spadafora – una conseguenza della centralità della politica. Si può analizzare una specificità educativa del pensiero gramsciano solo quando si coglie questa stretta connessione dell'educazione alla sua dimensione politica, ma il primato della politica nello svolgimento del pensiero gramsciano costituisce il tema centrale dell'intera prospettiva del pensatore sardo. Di qui lo sviluppo in Gramsci di uno di quei passaggi fondamentali della ricerca pedagogica del Novecento in cui si prospetta la tendenziale riduzione dell'educazione nell'ambito di altri territori di indagine e nella fattispecie nell'ambito della politica (pp. 87-88). In sostanza, lo Spadafora, interessato al problema dell'identità della pedagogia, ha approfondito i rapporti tra filosofia e pedagogia, politica e pedagogia, scienza e pedagogia, punti di riferimento rispettivamente G. Gentile, A. Gramsci, J. Piaget, per dimostrare che la pedagogia come disciplina di ricerca che riflette sull'educazione risulta essere limitata o addirittura espropriata da altri domini disciplinari, appunto dalla filosofia, dalla politica e dalla scienza.

È di questi ultimi decenni l'infittirsi del dibattito epistemologico sulla natura della pedagogia, il suo oggetto e il suo metodo, nonché le relazioni con la filosofia e le scienze umane. Fra i numerosi studi: F. De Bartolomeis, 1953, 1969; E. Planchard, 1966; A. Granese, 1967; M. Laeng, 1971; I. Scheffler, 1972; G.F. Kneller, 1975; R. Massa, 1975; L.R. Patanè, 1975; G. Mialaret, 1976; D. Antiseri, B. Bellerate, F. Selvaggi, 1976; F. Cambi, 1976, 1985, 1986; L. Agnello, 1978; F.E. Erdas, 1979; W. Brezinka, 1980; C. Volpi, 1982; A. Santoni Rugiu, G. Trebisacce, 1983; P. Orefice, 1983; A. Erbetta, 1983; E. Colicchi Lapresa, 1984; C. Nisi, 1984; G. Acone, 1986; V. Telmon, 1986; S. Cam-

BARERI, 1986; P. BERTOLINI, 1988; V. IORI, 1988; F. CAMBI, R. FORNACA, G. CIVES, 1991; ed altri.

(28) ROBERTO MARAGLIANO, *La formazione come campo di lotta*, cit., pp. 202, 200.

(29) DARIO RAGAZZINI, in «Riforma della Scuola», giugno-luglio 1987, p. 58. Sul rapporto scuola-extrascuola una vasta letteratura si sta affermando, vedansi gli studi di R. LAPORTA, G. CIVES, P. OREFICE, F. DE BARTOLOMEIS, V. TELMON, P. BERTOLINI, F. FRABBONI, C. SCURATI, R. MASSA, ed altri.

(30) ANTONIO SANTONI RUGIU, in «Riforma della Scuola», giugno-luglio 1987, p. 62.

(31) FABRIZIO RAVAGLIOLI, *Profilo delle teorie moderne dell'educazione*, Roma, Armando, 1983, 5ª ristampa, p. 37.

(32) DARIO RAGAZZINI, in «Riforma della Scuola», giugno-luglio 1987, p. 58.

(33) SERAFINO CAMBARERI, *La creatività in pedagogia*, in «Prospettive pedagogiche», luglio-dicembre 1981, p. 137.

(34) CORRADO MORGIA, *A proposito del principio educativo*, in «Riforma della Scuola», marzo 1989, p. 9.

(35) ANTONIO GRAMSCI, *Gli intellettuali e l'organizzazione della cultura*, Roma, Editori. Riuniti, 1991, p. 131.

(36) MARIO ALIGHIERO MANACORDA, in «Riforma della Scuola», giugno-luglio 1987, pp. 57-58.

(37) GRAZIELLA SCUDERI, *Educazione e problemi del nostro tempo*, Catania, C.U.E.C.M. 1992, pp. 28-29

*Capitolo terzo*

# Vico: storicismo ed educazione

## 1. Storicismo

Con la dottrina del *verum et factum* del Vico, lo "storico", il concreto mondo delle azioni umane viene rivalutato: «la verità è sempre *storica*, cioè storicamente determinata, ed è la verità del mondo umano, l'unica verità che l'uomo si deve preoccupare di ricercare continuamente nel costruirla» (1).

Si tratta di una nuova e rivoluzionaria prospettiva teotetico-gnoseologica e pratico-morale, che supera la concezione della conoscenza come *adequatio rei et intellectus*, che aveva portato lo stesso Cartesio ad esasperare la sua scoperta fondamentale dell'attività autonoma del soggetto e delle capacità teoretico-gnoseologiche della mente, nella garanzia divina della chiarezza delle idee prime, la quale finiva per essere un coronamento passivo della sua opera intesa a riabilitare la capacità e libertà del soggetto (2).

Di fronte alla riduzione cartesiana della realtà a pensiero o coscienza, al *cogito ergo sum*, Vico rivendica il mondo dell'uomo e della sua storia. Il mondo storico, che, per essere creato dall'uomo, l'uomo può conoscere, e tale mondo, anche se non è l'Assoluto di cui l'uomo partecipa solo limitatamente, è un mondo di fatti che per l'uomo sono veri. In tal senso la verità dei fatti compresi dall'uomo è per l'uomo la filosofia: il fatto diventa il vero, o, più precisamente, *verum et ipsum factum convertuntur.* Perciò la ricerca del Vico delle leggi che regolano la creazione del mondo storico, delle leggi dell'umano operare, che si informano alla legge della storia ideale eterna. La legge della storia, o storia ideale eterna, che è scoperta e conosciuta dalla filosofia ed è in quanto tale un *metodo*, una legge del conoscere, è altresì un *principio operante*, anche se non conosciuto, nella storia degli uomini. Gli uomini sono guidati da una primitiva certezza, che non è filosofia, che non è consapevolezza e "ragione spiegata", ma è una guida dell'operare, una specie di *senso comune* di tutte le nazioni e di tutti i popoli. Questo *senso comune* che l'uomo possiede e secondo il quale agisce è l'*autorità umana* la quale dà luogo non alla verità ma alla certezza, non alla conoscenza dei fatti, ma ai fatti che, in quanto tali, sono raccolti dalla *filologia* che studia appunto ciò che per l'uomo operante nella storia è la certezza e studia altresì i fatti derivati da quell'operare (3).

*Verum et factum*, filologia e filosofia sono dunque i presupposti da cui Vico trae i motivi per fondare il suo storicismo, la sua concezione dell'uomo quale artefice dell'incivilimento delle nazioni, e quindi responsabile degli arresti o regressi dello stesso. L'incivilimento è opera dell'uomo nella cui natura la Provvidenza ha posto la tendenza al raggiungimento di quello, una tendenza che può trovare esiti positivi, come esiti negativi, a seconda dell'impegno che l'uomo liberamente e responsabilmente pone in atto. Constatato che l'incivilimento è opera dell'uomo, della sua libera volontà che risponde alla tendenza posta da Dio nella sua natura, Vico deduce la responsabilità umana nello svolgimento del corso storico, la problematicità che esso presenta tra l'essere e il dover essere, tra contingenza e trascendenza, deriva anche l'idea dell'educazione come promozione di capacità conoscitive ed etiche con le quali l'uomo è in grado di sollevarsi dalla corruzione, percorrendo il cammino che dal "certo" della esperienza lo conduce al "vero della *ragione tutta spiegata*" per realizzare il "divino" di cui la *Provvidenza* l'ha dotato quale condizione necessaria e mezzo sufficiente della sua perfezione.

Nella prospettiva vichiana, dunque, lo studio del mondo storico, del "mondo civile" è finalizzato a scoprire i principi generali capaci di dar conto della genesi e dei successivi sviluppi della storia del genere umano, è condizione necessaria per conoscere l'effettiva e genuina realtà dell'uomo e per indicargli la via del perfezionamento e dell'impegno. Qui le diverse interpretazioni al significato dello storicismo vichiano. Nel perfezionamento e nell'impegno dell'uomo in vista della finalità metastorica che lo attende e di cui egli deve acquisire una sempre più matura coscienza per scegliere volontariamente e responsabilmente l'ordine suo, facendosi così collaboratore attivo del piano ideale della provvidenza (4), sogliono vedersi le premesse dottrinali per una metafisica dell'azione, come ultimamente ha rivendicato Gianni M. Pozzo. In questa prospettiva, l'umanesimo vichiano si inserisce in quella più ampia concezione, inaugurata da Platone sulle orme dell'insegnamento socratico, che intende la storia dell'uomo – e quindi dell'umana civiltà – come inesauribile tensione etica, finalizzata al conseguimento del pieno dover-essere dell'individuo singolo e dell'umanità tutta, ossia della loro maturità e perfezione, la quale trascende il piano naturale, che è l'ambito dell'esperienza finita, spazio-temporale (il mondo platonico del divenire), e perciò implica, da parte dell'uomo, uno slancio metafisico, reso possibile, o in atto, da un impegno serio e responsabile dell'intelligenza e della volontà e capace di ricondurre a superiore ed organica unità le differenti e talora contrastanti espressioni fenomeniche ed esistenziali della vita umana, sorprendendone e conservandone il significato essenziale ed universale e la dimensione della perennità. Assertore di un'interpretazione schiettamente metafisica della vita dell'uomo e della sua vasta e complessa problematica, il pensatore napoletano – afferma il Pozzo – non soltanto avanza una proposta dottrinale alternativa a quella suggerita con piglio perentorio dal naturalismo e determinismo illuministico, che resterà tipico di tanta parte della cultura degli ultimi tre secoli, perdurando anche ai giorni nostri; ma istituisce e dà respiro e profondità a quell'organica speculazione filosofica sulla storia che, con una diversa curvatura e con un differente impianto metodologico, ma sempre con l'intento di evidenziare a tutto campo il primato della eticità nel mondo storico sopra tutte le altre componenti, che pur lo connotano, verrà poi ripresa e ulteriormente svolta dallo storicismo idealistico all'insegna di un rinnovato slancio umanistico, espressivo insieme della perennità della tradizione e dell'incessante ritmo dialettico dell'attività creatrice dello spirito (5).

Queste, al Pozzo, appaiono come le più eloquenti ed importanti premesse vichiane alla delineazione di una concezione filosofico-storica che, richiamandosi con forza e senza infingimenti alla tradizione dell'umanesimo classico, ossia perenne, assuma una posizione costruttivamente polemica e criticamente fondata nei confronti dell'atteggiamento prevalentemente naturalistico e laicistico della filosofia moderna.

Vico, in virtù del suo umanesimo storicistico, metafisico e finalistico, ha tutti i titoli, sostiene il Pozzo, per venire rappresentato tra gli anticipatori di quella filosofia, insieme teoretica e pratica – o metafisica dell'azione – che, in tempi di conclamata rottura con il passato e di ambiziose presunzioni di novità assolute e di originali scoperte, intende salvaguardare ed onorare il principio della continuità storica tra passato e presente, fatta valere dall'umanesimo ed incentrata nel concetto della perennità dei valori dell'uomo e della sua dignità ontologica ed etica; ed è schierato in aperto favore di un sincero riconoscimento dell'organica ed indefettibile unità e del sempre operante sviluppo dialettico della vita e della storia ideale e reale di ciascuno e di tutti (6).

Ma la concezione vichiana della storia è stata anche avvicinata a quella illuministica, proprio perché il progresso viene sempre visto come problematico, aperto, non inevitabile o necessitante.

La provvidenza – ha osservato Mercurio Candela – è dialetticamente "complicata" con la libertà dell'uomo, cioè essa non è un principio operante meccanicamente, ma un principio operante, anche se secondo una certa direzione ideale, sempre però lungo linee di sviluppo volta a volta diverse, a seconda delle diverse nazioni e delle diverse situazioni storiche; la "storia ideale eterna" si scandisce attraverso le tre età – degli dei, degli eroi, degli uomini –, ma il passaggio da una all'altra di queste età non costituisce affatto una legge, per così dire, naturale o necessitante. Dopo l'età degli uomini una profonda decadenza e corruzione porta al "ricorso" della primitiva barbarie; anche a questo proposito, però, bisogna dire che il "ricorso" non è mai visto come evento fatale e inevitabile, e che infine esso, in ogni caso, non può essere considerato come un puro e semplice ritorno al passato, se non altro, perché si presenta arricchito di tutta l'esperienza umana passata, che è sempre naturalmente diversa. È quindi da escludersi in Vico una concezione classica, ciclica, della storia, la storia – sostiene il Candela – come fondamentalmente la vede il Vico nella *Scienza Nuova*, non conosce né soluzione né compimento, è tutta problematicamente aperta, sempre verso il futuro (7). Gli è che il Vico, precursore dello storicismo – come ha sostenuto Fulvio Tessitore – ha rivoluzionato la tradizionale storia dei rapporti tra universale e particolare, perché, facendo dell'uomo il soggetto della storia, abbandonando definitivamente il mondo della natura a forze che non sono quelle che interessano all'individuo storico, ha visto, contemporaneamente, le sempre nuove e possibili e pericolose alleanze tra quelle due idee ed ha avvertito la direzione del loro autentico superamento sulla via di una dialettica senza sintesi. E qui il carattere diadico della vichiana dialettica della storia, la quale non risolve i termini del soggetto e dell'oggetto nell'assoluta identità della «Realtà che ci genera e ne sa più di noi; di quella Realtà, che le religioni intravedono chiamandola Dio, padre e sapienza infinita», ma al contrario vede nell'oggettivazione (*non* oggettività) la forza viva che fa scoprire nell'individuo (Grundkörper dell'esperienza storica) l'anelito trascendentale che assicura al finito la sua universalità veramente concreta, perché non fagocitatrice delle particolarità personali. Solo che Vico non ha compiuto (e non poteva) questo cammino che è stato percorso dallo storicismo ottocentesco e novecentesco, dopo la rivendicazione illuministica della problematicità dell'uomo finito. Egli, qui, ha veramente intravisto, sentendo parimenti irrinunciabili i termini duali dell'antinomica dialettica del reale e questi termini ha incarnato nelle storicissime, plurali, molteplici azioni degli uomini che fanno la storia e nell'unità ideale, eterna dell'accadimento, affidato alla forza previdente e provvidente della divina "pietà". Orbene intorno ai termini dell'*azione* e dell'*accadimento*, alla loro necessaria distinzione o alla possibile risoluzione reciproca si intreccia la storia dello storicismo moderno e contemporaneo e si giuocano, come sono state giuocate, le fortune di tutte le sue numerose incarnazioni, dello storicismo hegeliano come di quello humboldtiano, dello storicismo marxistico come di quello diltheyano, dello storicismo crociano e gentiliano, come di quello troeltschiano e meineckiano (8). Ma c'è in Vico – nota ancora il Tessitore – l'individuazione precisa di un'altra direzione, quella della "filosofia senza natura", la scoperta della centralità dell'azione umana individuale fino a riconoscere che la storia dell'uomo non ha fini che siano oltre se stessa. È la direzione che consente di vedere in Vico non già la prima fondazione della filosofia dello spirito, ma della filosofia dell'uomo, la fondazione delle scienze dello spirito come scienze umane e storiche. Di questo programma, che è quello dello storicismo individualizzante, problematico e critico da Dilthey a Meinecke, Vico ha sentito il problema e ha individuato la direzione problematica, nella scoperta della finitezza dell'uomo, dell'uomo caduto e debole cui va riportata tutta la «storia dell'umanità gentilesca» (9).

## 2. Educazione

Il nesso tra filologia e filosofia, tra il "certo" e il "vero", costituisce la forza portante di ogni ricerca condotta dal Vico, il timbro originale del suo pensiero, il durevole influsso che ha esercitato e che ancora esercita.

È da codesto nesso di filologia e filosofia che Vico trae i motivi per fondare il suo storicismo, la sua concezione dell'uomo quale artefice dell'incivilimento delle nazioni, e quindi responsabile degli arresti o regressi dello stesso.

Dall'uomo qual *è*, Vico studia quale *deve* essere. I primi uomini dovettero soggiacere – osserva Vico – a forti spinte di violentissime passioni, «ch'è il pensare da bestie». Da poi nacque in essi il pensiero spaventoso d'una qualche divinità, che alle passioni bestiali di tali uomini pose modo e misura e le rese passioni umane.

Il ricorso a una qualche divinità – spiega Vico – avvenne necessariamente per disperazione causata dai danni e pericoli provenienti dalla natura; così come è confermato dal comune costume umano che mostra gli uomini libertini, ai quali nella vecchiaia vengono a mancare le forze naturali, diventare "religiosi".

Da cotale pensiero dovette nasce il conato, «il qual è proprio dell'umana volontà, di tener in freno i moti impressi alla mente dal corpo, per o affatto acquietargli ad usi migliori, ch'è dell'uomo sappiente, o almeno dar loro altra direzione ad usi migliori, ch'è dell'uomo civile» (10).

Scoperto il fattore naturale di *volontà*, Vico deduce il principio umano di *libertà*; «Questo infrenar il moto de' corpi certamente egli è un effetto della libertà dell'umano arbitrio, e sì della libera volontà, la qual è domicilio e stanza di tutte le virtù e, tra le altre, della giustizia, da cui informata, la volontà è il subbietto di tutto il giusto e di tutti i diritti che sono dettati dal giusto» (11).

Il procedimento vichiano, dall'accertamento filologico a quello filosofico, si evidenzia nella seguente "pruova" addotta per spiegare le origini e lo sviluppo del mondo umano: «Ma gli uomini, per la loro corrotta natura sono tiranneggiati dall'amor proprio, per la quale non sieguono principalmente che la propria utilità, onde eglino, volendo tutto l'utile per sé e niuna parte per lo compagno, non posson essi porre in conato le passioni per indirizzarle a giustizia.

Quindi stabiliamo: che l'uomo nello stato bestiale ama solamente la sua salvezza; presa moglie e fatti figliuoli, ama la sua salvezza con la salvezza delle famiglie; venuto a vita civile, ama la sua salvezza con la salvezza delle città; distesi gl'imperi sopra più popoli, ama la sua salvezza con la salvezza delle nazioni; unite le nazioni in guerre, paci, allianze, commerzi, ama la sua salvezza con la salvezza di tutto il gener umano: l'uomo in tutte queste circostanze ama principalmente l'utilità propria. Adunque, non da altri che dalla provvedenza divina deve esser tenuto dentro tali ordini a celebrare con giustizia la famigliare, la civile e finalmente l'umana società; per gli quali ordini, non potendo l'uomo conseguire ciò che vuole, almeno voglia conseguire ciò che dee dell'utilità: ch'è quel che dicesi "giusto". Onde quella che regola tutto il giusto degli uomini è la giustizia divina, la quale ci è ministrata dalla divina provvedenza per conservare l'umana società» (12).

L'incivilimento è, dunque, opera dell'uomo nella cui natura la Provvidenza ha posto la tendenza al raggiungimento di quello, una tendenza che può trovare esiti positivi, come esiti negativi, a seconda dell'impegno che l'uomo liberamente e responsabilmente pone in atto.

Constatato che l'incivilimento è opera dell'uomo, della sua libera volontà che risponde alla tendenza posta da Dio nella sua natura, Vico deduce la responsabilità umana nello svolgimento del corso storico, la problematicità che esso presenta tra l'essere e il dover essere, tra contingenza e trascendenza.

Dall'incivilimento l'uomo può cadere nella barbarie, per mancata adesione all'ideale tendenza che Dio ha infuso nella sua natura; come dalla barbarie può uscire sollevandosi al grado di incivilimento, per merito della sua libera adesione a quell'ideale tendenza.

Per uscire dalla barbarie, secondo Vico, occorre l'esercizio della virtù, della scienza, della eloquenza. Per queste tre cose unicamente l'uomo «sente lo stesso che altr'uomo» (13): ciò attiene il fine degli studi.

Modi per conseguire detto fine sono: primieramente studio delle lingue. Poiché è accertato che le lingue furono il più potente mezzo di formare l'umana società, dalle lingue devono incominciarsi gli studi.

L'età più propizia per l'apprendimento delle lingue è quella della fanciullezza, che, debole di raziocinio, «non con altro si regola che con gli esempli, che devono apprendersi con vivezza di fantasia per commuovere, nella quale la fanciullezza è meravigliosa» (14). Allo studio delle lingue si accompagni quello della storia così favolosa come vera; e quello delle scienze delle misure «che vogliono memoria e fantasia e insieme spossan loro la corpolenta facoltà dell'immaginativa che, robusta, è la madre di tutti i nostri errori e miserie» (15); con lo studio delle scienze delle misure si accompagni quello delle scienze fisiche, che «portano alla contemplazione dell'universo de' corpi ed han bisogno delle matematiche per la scienza del sistema mondano» (16).

Dalle «vaste idee corpolente fisiche e dalle delicate delle linee e de' numeri» (17) «si dispongano i giovani – osserva il Vico – ad intendere l'infinito astratto in metafisica con la scienza dell'ente e dell'uno, nella quale conoscendo i giovani la lor mente si dispongano a ravvisare il loro animo, e in sèguito di eterne verità il vedan corrotto, per potersi disporre ad emandarlo naturalmente con la morale in età che già han fatto alcuna esperienza quanto mal conducano le passioni, le quali sono in fanciullezza violentissime» (18).

Procedendo dal "certo" al "vero". dalla filologia alla filosofia, Vico denuncia errori della didattica adottata nel suo tempo, e propone emendamenti suggeriti dal suo concreto filosofare.

Alla didattica che si proponeva di portare i giovinetti «a giudicare innanzi di ben apprendere» (19), il Vico oppone la "topica", l'arte di ritrovare, cioè l'arte di apparecchiare la materia per poi ben giudicare, poiché non si giudica bene se non si è conosciuto il tutto della cosa. La "topica" – dice ancora il Vico – è l'arte di ben regolare la prima operazione della nostra mente, insegnando i luoghi che si devono scorrere tutti per conoscere tutto quanto vi è nella cosa che si vuol bene ovvero tutta conoscere; essa è, infine, «la facultà di far le menti ingegnose, siccome la critica è di farle esatte» (20). E la topica, nella considerazione del Vico, è «intesa non tanto nel senso aristotelico-ciceroniano di dottrina degli argomenti e delle prove, bensì, (...), quale arte che promuova, sviluppi e disciplini l'inventività» (21). Perciò la difesa dell'oratoria «che non è solo arte di ben parlare, ma anche di ben operare e ben vivere (...), del senso comune, dell'ingegno, della memoria e della fantasia, attitudini esteticamente e praticamente operose, contro la *scienza*, contro l'arido e gelido e inumano intellettualismo cartesiano e portorealista» (22). Ci troviamo dunque di fronte ad una equivalenza fra saper dire e saper fare che trovano ambedue l'impulso regolatore nel senso comune, il quale, a sua volta, si nutre di verosimile. Se si tiene conto dell'atteggiamento cartesiano verso il verosimile, che di fatto viene assimilato al falso ed espulso dalla considerazione del vero, si capirà la preoccupazione del Vico «che il metodo della critica renda i giovani alquanto inadatti all'eloquenza», come effetto della mancata costituzione in loro del senso comune, che è compito primario dell'educazione, nella quale la funzione della critica interviene come istanza terminale per il controllo della correttezza del giudizio. E la preoccupazione è certamente di natura pratico-morale, come appare dalla connessione parola-fatto (23).

Analizzando lo studio nella sua finalità e nei mezzi che conducono a raggiungerla, il Vico può concludere la sua concezione pedagogica e didattica con un *inno* alla nobiltà della natura umana, alle capacità conoscitive ed etiche con le quali l'uomo è in grado di sollevarsi dalla corruzione, percorrendo il cammino che dal "certo" della esperienza lo conduce al "vero" della "ragione tutta spiegata" per realizzare il "divino" di cui la Provvidenza l'ha dotato quale condizione necessaria e mezzo sufficiente della sua perfezione (24).

Ritiene, dunque, il Vico «la mente umana in via di proporzione esser il Dio dell'uomo, come Iddio è la mente del tutto» (25), dimostra «le meraviglie delle facoltà della mente partitamente, o sieno senso o fantasia o memoria o ingegno o raziocinio, come operino con divine forze di speditezza, facilità ed efficacia e ad un medesimo tempo diversissime cose e moltissime; che i fanciulli, vacui di pravi affetti e di vizi, di tre o quattro anni trastullando si ritrovano aver già appresi gl'intieri lessici delle loro lingue native; che Socrate non tanto richiamò la morale filosofia dal cielo quanto esso v'innalzò l'animo nostro, e coloro i quali con le invenzioni furono sollevati in ciel tra gli dei, quelli sono l'ingegno di ciascuno di noi; che sia meraviglia esservi tanti ignoranti quando, come il fumo agli occhi, la puzza al naso, così sia contrario alla mente il non sapere, l'esser ingannato, il prender errore, onde sia da sommante vituperarsi la negligenza; che non siamo dottissimi in tutto unicamente perché non vogliamo esserlo, quando col solo voler efficace trasportati da estro facciamo cose che, dopo fatte, l'ammiriamo come non da noi ma fatte da un dio» (26). E perciò, conchiude il pensatore napoletano, che «se in pochi anni un giovanetto non ha corso tutto l'orbe delle scienze, sia egli avvenuto o perché egli non ha voluto, o se ha voluto, sia provveduto per difetto de' maestri o di buon ordine di studiare o di fine degli studi altrove collocato che di coltivare una specie di divinità dell'animo nostro» (27).

Abbiamo detto inno, un inno alla *libertà* dell'uomo, alla sua *volontà* creatrice, alla *divinità* che egli dimostra allorché esercita le sue facoltà con pienezza di intenti ed appropriatezza di mezzi; un inno che è frutto di profondo sentire e pensare, di quella poderosa sintesi tra filologia e filosofia, realizzata dal Vico, e offerta in feconda eredità agli studiosi di varie discipline, di quelle che vanno sotto il nome di filologia e di quelle che vanno sotto il nome di filosofia (28).

## Riferimenti bibliografici

(1) Federico Colucci, *Pensiero critico e storicismo in Giambattista Vico*, in «Rivista di studi crociani», gennaio-marzo 1976, p. 49.
(2) Guido de Ruggiero, *L'età cartesiana*, Bari, 1968, citato da: Federico Colucci, *Pensiero critico e storicismo in Giambattista Vico*, cit., pp. 48-49.
(3) Enzo Paci (a cura di), *Giambattista Vico. Autobiografia e Scienza Nuova*, Torino, Paravia, 1952, pp. XXIII, XXV, XXXIII.
(4) Gianni M. Pozzo, *Premesse vichiane per una metafisica dell'azione*, in «Filosofia oggi», aprile-dicembre 1993, p. 209.
(5) *Ibidem*, pp. 210-215.
(6) *Ibidem*, p. 215.
(7) Mercurio Candela, *G. Vico, antologia delle opere*, Firenze, Le Monnier, 1970, pp. 36-37.
(8) Fulvio Tessitore, *Dimensioni dello storicismo*, Napoli, Morano, 1971, pp. 26-27.
(9) *Ibidem*, pp. 29-31.
(10) Vico, *Scienza nuova e Opere scelte*, a cura di Nicola Abbagnano, Torino, UTET, 1952, p. 294.
(11) *Ibidem*.
(12) *Ibidem*, p. 295.
(13) *Ibidem*, p. 106.
(14) *Ibidem*.
(15) *Ibidem*.
(16) *Ibidem*.
(17) *Ibidem*, p. 107.
(18) *Ibidem*.
(19) *Ibidem*, p. 89.
(20) *Ibidem*, p. 380.
(21) G.B. Vico, *Opere*, a cura di F. Nicolini, Milano-Napoli, Ricciardi, 1953, p. 17.
(22) A. Corsano, "Introduzione" a G.B. Vico, *Il metodo degli studi del tempo nostro*, Firenze, Vallecchi, 1937, p. 14.
(23) Biagio Loré (a cura di), *Giambattista Vico. Il metodo degli studi del nostro tempo*, Firenze, La Nuova Italia, 1993, pp. XLII-XLIII.
(24) Delle molte interpretazioni date dagli studiosi circa il concetto vichiano di *Provvidenza*, alcune delle quali abbiamo già fatto precedere, vedansi quelle di: Flores D'Arcais, Paci, Fornaca, Capograssi, Badaloni, ed altri.
Il D'Arcais intende la Provvidenza in senso trascendente, agostiniano. La Provvidenza così intesa ricolloca il finito nell'infinito, il parziale nel totale; allarga la veduta parziale dell'uomo, limitata soltanto ai suoi particolari bisogni, sentimenti, aspirazioni, ad una visione più ampia e più completa: quella che corrisponde ai disegni perfetti della Mente infinita (G. Flores D'Arcais (a cura di), *Giambattista Vico. Scienza Nuova*; Padova, CEDAM, 1943, 3ª ediz., p. XXVII).
Nella Provvidenza, il Paci indica «l'umano trascendersi, l'infinito slancio umano di andar oltre il finito che è poi il senso più profondo della stori-

cità» (E. PACI, *Ingens Sylva. Saggio sulla filosofia di G.B. Vico*, Milano, 1949, p. 138).
Il Fornaca scrive che l'inerenza della Provvidenza nell'agire umano "non è deterministico"; e che l'uomo non subisce la Provvidenza ma la esprime in modo personale «come un momento dell'universale calato e rivissuto nella molteplicità degli atti» (*Il pensiero educativo di Giambattista Vico*, Torino, Giappichelli, 1957, p. 14). La Provvidenza – dice ancora il Fornaca – «non è che un termine per esprimere la presenza del divino nelle cose e più ancora nella storia. Il fatto contingente non potrebbe trovare alcuna giustificazione in se stesso e soprattutto non potrebbe reggersi se non fosse sostenuto da un Assoluto che viene aperto in quella storia ideale eterna a cui è legata la vita dell'umanità. La Provvidenza, in altre parole specifica i termini, i modi e l'estensione dell'inerenza dell'Assoluto nelle cose» (*Ibidem*).
Il Capograssi ritiene la Provvidenza: «un'equazione tra individuo e storia» (G. CAPOGRASSI. *L'attualità di Vico* (1943), vedi: *Opere*, Milano, 1959, Vol. IV, p. 401); «Legge di necessità» la provvidenza «per la quale l'individuo deve arrivare all'estremo della sua esperienza; fino alla catastrofe» quando occorre (*Ibidem*, pag. 402).
Il Badaloni sull'argomento scrive che la Provvidenza «non deve immaginarsi come affidata all'arbitrio di un essere superiore, ma come dominata da una legge di necessità per cui, date determinate sollecitazioni, gli uomini anche in epoche diverse sono costretti a rispondere nello stesso modo» (N. BADALONI, *Introduzione a Vico*, Milano, Feltrinelli, 1961, pp. 386-387). Lo studioso chiarisce che non si tratta di una necessità del tipo di quella che viene teorizzata dalle scienze fisiche e trova la sua applicazione nella meccanica (*Ibidem*, p. 387).

(25) VICO, *Scienza nuova e Opere scelte*, cit., pag. 103.

(26) *Ibidem*.

(27) *Ibidem*.

(28) Della vastissima bibliografia vichiana oltre ai testi citati, vedasi quella del Croce, accresciuta dal Nicolini, Napoli, 1947-58. Citiamo poi: M. DONZELLI, *Contributi alla bibliografia vichiana*, 1948-70; «Bollettino del Centro di studi vichiani», Napoli; AA.VV., *Omaggio a Vico*, Napoli 1968; F.A. YATES, *L'arte della memoria*, Torino 1973; L. POMPA, *Studio sulla Scienza nuova*, Roma, 1978; G. FLORES D'ARCAIS, *Nuove questioni di Storia della pedagogia*, Brescia, 1978; U. MARGIOTTA, *G.B. Vico e la genesi dello spazio educativo*, in «Cultura e scuola», gennaio-marzo, 1979.

*Capitolo quarto*

# Cuoco: storicismo ed educazione

## 1. Storicismo

In Cuoco la fondazione critica della storia e della conoscenza storica si realizza secondo un preciso impegno teoretico. La storia è sì scienza del fatto e la sua fondazione critica si può ottenere quando si sappia ripigliare «con diligenza maggiore lo studio della storia, raccogliendo tutti i fenomeni che ci presenta, paragonandoli diligentemente fra loro, esattamente analizzarli e specialmente far tutto questo senza opinione alcuna impostaci, onde non si vegga nella natura e nel corso delle cose quello che non esiste se non nelle nostre idee».

Ma vera condizione di questa critica è l'indagine di che cosa sia filosoficamente il *fatto*. Un problema che Cuoco affronta – sostiene il Tessitore – con sufficiente chiarezza quando mira a distinguere tra il fatto che è il mero dato fisico e dell'erudizione e il fatto che dà all'individuo coscienza dell'io e di ciò che lo circonda, dimensione attiva che consente all'uomo di scoprire il valore etico della sua umanità, bisognosa di trovare fondamenti certi, sicuri ("la storia di tradizione") all'esperienza esperita secondo tutte le possibilità e tutti i rischi della limitata azione individuale ("la storia di osservazione"). In questa prospettiva la storia è narrazione di ciò che è accaduto, scrutato secondo le leggi che sono intrinseche al fatto e non secondo principi estranei e presupposti; ma non è solo narrazione, non è solo ricordo stancamente ripetuto o da ripetere in ogni latitudine con fedeltà e oggettività impossibile. La storia è esperienza, insieme pensiero e azione, affidata alla coscienza dell'uomo il quale non narra se non ciò che ha compiuto, secondo l'insegnamento di Vico (che "primo stabilì che l'uomo non scrive ciò che è, ma ciò che sente»). In questa prospettiva la certezza e l'utilità della storia stanno nella consapevolezza che l'uomo acquista di sé e del mondo che lo circonda; stanno nella consapevolezza che l'uomo ha di non nascere e vivere "isolato e senza aver bisogno di alcuno". L'uomo "si trova in una società" di cui è parte, con cui relaziona secondo un ritmo al quale è affidato l'incivilimento e il progresso dell'umanità da intendere senza alcuna unilateralità e vana ricerca di priorità tra il singolo uomo (che non esiste in concreto) e la società (che non ha senso se non come rapporto tra singoli) (1).

In Cuoco la scienza dell'uomo anziché essere garantita dalla perpetuità della specie, immobilizzata sul fondamento dell'unità della natura fisica e morale dell'uomo, è assicurata dalla consapevolezza del dinamismo che solo la storia può accertare e verificare col metodo più certo e più vero.

La "storia civile" di ciascun popolo, di ciascuna nazione, considerati l'uno e l'altra non isolatamente, ma nel contesto di civiltà fatto dall'azione e reazione reciproca di un popolo sull'altro, di una nazione sull'altra, non può trovare fondamento che in un principio metodologico di carattere etico politico, quale il Vico ha per primo indicato quando ha scoperto che «le azioni (...) dipendono dalla volontà, la volontà dalla mente, la quale è espressione della somma e della natura delle idee che contiene», riconoscendo a ogni nazione «la sua mente al pari di ogni individuo». Il che non significa operare alcuna riduzione della storia come "scienza dei fatti" a un'idea archetipa assolutizzante, sistematizzante individui, popoli, nazioni in un saldo contenitore comprimente la dinamica nella statica, poiché vivissimo è nel Cuoco il convincimento che «tutto cangia nella natura» e nel «mondo morale, che l'uomo si forma colle sue idee», dove «si sperebbe invano quell'eternità che nel mondo fisico non si ritrova. Le leggi di una nazione non sono quelle di un'altra; i costumi di un secolo non sono quelli di un altro secolo».

E il programma di tale storia si realizza solo attraverso la fondazione teoretica del concetto di *civiltà* che Cuoco sa definire attraverso l'ardita sintesi dell'eredità vichiana e dell'eredità settecentesca. La nuova storia è l'indagine sintetica che fa posto agli apporti individuali come a quelli sociali, fedele all'impegno totale della rinnovata scienza dell'uomo, perché «ogni storia (...) ha per oggetto *me* medesimo e tutto ciò che mi circonda, ma che intanto non è me. Quindi nascono i due rami principali della storia: la parte morale, che esamina i fenomeni che succedono nell'uomo, e quella che esamina le mutazioni della natura e che si chiama "storia naturale"». Su tale base la "storia civile" raccoglie il significato dei costumi, delle leggi, delle arti, del commercio, della guerra ottenendo la «cognizione dell'uomo e delle nazioni». Di tale storia «dobbiamo a Vico (...) l'idea e il metodo», che non è poco, ma non è tutto per chi intendeva approfondire i problemi di una storia *positiva* del cammino delle nazioni, accettando la convergenza di storia e psicologia («il carattere delle persone è uno degli oggetti più interessanti della storia»), secondo una tematica che non era solo vichiana, ma era anche di quella cultura lombarda dei primi decenni dell'Ottocento tanto sensibile alle istanze "ideologiche" e "antropologiche" che venivano di Francia e di Germania (2).

Lungo questa linea storico-filosofica e antropologica si sviluppa il pensiero politico-educativo del Cuoco, il quale dal presente e dal passato trae elementi per chiarire, e valutare, anche teoreticamente, la verità storica che gli è dinanzi (3), per esaminare piani politici, progettare piani educativi.

Egli guarda alla realtà quale essa è, ma non per lasciarla immutata, ma per avviarla concretamente al cambiamento, in ordine a quelle che sono le diverse condizioni economiche, sociali, politiche, religiose, culturali e ai diversi fattori ambientali. Guarda all'uomo così come è, pieno di vizi e pieno di errori, ma la constatazione della realtà umana non esclude la considerazione delle idealità e dei fini, la possibilità di un perfezionamento umano. Una cosa però è dire che l'uomo si perfeziona, altra è dire che ha raggiunto la perfezione. Sotto il primo aspetto, significa porsi sul piano storico, sotto il secondo, su quello astratto, utopistico; e sul piano storico è l'uomo politico, il pedagogista, il legislatore, sul piano utopistico è il filosofo, il metafisico: e il Cuoco è antimetafisico per eccellenza (4).

Posizione politica e posizione educativa nel Cuoco nascono dunque da una medesima esigenza di concretezza, di aderenza al reale. «Leggi e costumi, ecco i due principali oggetti di tutta la scienza di governare le città» – osserva il Cuoco. «Le prime debbonsi dedurre dalla cognizione dell'ordine eterno di tutte le cose, che è per la sua natura sempre buono, sempre vero, sempre lo stesso; (...). Se un ordine universale vi è, sarebbe stoltezza credere che siavi invano. E, se non è invano, è ragionevole pensare che quelle cose si stien bene, che a tale ordine si adattano; quelle altre male, che dal medesimo si discostano.

La legge è sempre una, perché la natura dell'intelligenza è immutabile. Mutabile è la natura della materia, di cui gli uomini sono in gran parte composti; e quindi è che i costumi inclinan sempre ad allontanarsi dalla legge. È necessità, dunque, conoscere del pari la natura sempre mobile di questo fango di cui siamo formati, onde sapere per quali cagioni i nostri costumi si allontanano dalle leggi, per quali modi, per quali arti possan ravvicinarsi alle medesime; il che forma l'oggetto di tutta la scienza dell'educazione» (5). Perciò la critica ad ogni forma costituzionale utopisticamente pensata, e quindi erroneamente attivata, ma anche, sulla base delle conoscenza della natura dell'uomo, la valutazione dei limiti entro cui l'azione educativa può esercitarsi. E i due problemi, quello politico e quello educativo, nel pensiero del Cuoco si intrecciano, costituendo, in definitiva, l'unità spirituale della nazione il fine cui deve tendere l'opera dei governanti, l'educazione la via per raggiungere tale fine.

Questi sono i due poli attorno ai quali il Cuoco costruisce tutta la sua dottrina, mossa sempre dall'esigenza di formare gli uomini, i cittadini, di riuscire a trovare il possibile accordo tra gli interessi dei singoli e gli interessi della collettività, l'equilibrio tra l'autorità che governa e il popolo che è governato.

«Avvezzar le menti degl'italiani a pensare nobilmente, condurle, quasi senza che se ne avvedano, alle idee che la loro nuova sorte richiede, e far divenire cittadini di uno Stato coloro i quali sono nati abitanti di una provincias» (6) e pertanto «formare la morale pubblica degli italiani, ed ispirar loro quello spirito di unione, quell'amor di patria, quell'amor della milizia, che finora non hanno avuto», diventa nel Cuoco una necessità imperiosa. «Senza l'istruzione, le migliori leggi restano inutili – egli dice –: esse potranno essere scritte; ma la sola istruzione può imprimerle nel cuore dei cittadini. La sola istruzione può fare diventare volontà ciò che è dovere» (7). Il rispetto per le leggi nasce dalla loro conoscenza, perciò l'importanza dell'educazione popolare. Del resto, tutto «in Europa mostra la necessità di dare al popolo, e specialmente alla classe degli artefici e degli agricoltori, una nuova educazione» (8), e l'educazione per il Cuoco ha come fine la formazione dello *spirito pubblico*. Quali sono i caratteri ai quali si può riconoscere lo spirito pubblico di un popolo? «La nazione la quale ha più spirito pubblico è sempre la più orgogliosa e la meno vana: più orgogliosa in ritenere le sue leggi e i suoi costumi; meno vana in disprezzare le leggi ed i costumi e soprattutto le arti e le scienze altrui, e perciò più facile ad imitar ciò che in esse vi è di utile o di vero» (9). Ma la nazione che ha più spirito pubblico è anche quella «che più ama l'agricoltura e meno aborre la milizia», è quella che privilegia le «cose veramente utili». Morale, arti, scienze, sono le sole cose che le nazioni che hanno spirito pubblico hanno in pregio (10). E allora la «virtù del cittadino altro non è che la conformità del suo costume col costume della nazione», ma una «nazione si dirà virtuosa quando il suo costume sia tale che non renda infelice il cittadino; ... Il fine della virtù è la felicità, e la felicità è la soddisfazione di bisogni, ossia l'equilibrio tra i desideri e le forze» (11). E la suprema virtù del secolo nostro è l'amore del lavoro – aggiunge il Cuoco –, il lavoro ci darà le arti che ci mancano, ci renderà indipendenti da quelle azioni dalle quali oggi dipendiamo; e così, accrescendo l'uso delle cose nostre, ne accrescerà anche la stima, e colla stima delle cose nostre si risveglierà l'amor della nostra patria (12).

Indubbiamente, gli influssi illuministici sono presenti nel Cuoco, che affida – come nota Giuseppe Calandra – la funzione di far trionfare le idee alla loro presentazione, alla diffusione dei nuovi lumi (nuovi per il diverso contenuto: la nazione, la patria, l'unità, l'indipendenza) assieme ai vecchi: la virtù, la felicità (13). Tuttavia, bisogna rilevare che il Cuoco supera le vecchie formule illuministiche, apre la via – sostiene Averardo A. Montesperelli – al nuovo pensiero politico unitario (14), va al di là dell'illuminismo – rileva lo stesso Calandra – nel momento in cui il Cuoco lega la felicità al benessere, e questo al soddisfacimento dei bisogni, e tutto alle leggi, alle istituzioni, alla virtù come loro legittima e necessaria conseguenza, a patto però che l'ispirazione per la loro creazione venga dalla tradizione risvegliata e ripresa. Tra l'alttro, la rivoluzione francese ha insegnato al Cuoco la necessità di discendere alla radice esistenziale-materiale degli individui e dei popoli, al bisogno, che per i primi è connesso con l'esistenza intesa anche in senso economico, e per i secondi è connesso con le tradizioni.

È la via, questa, che porta al superamento dell'illuminismo su posizioni storicistiche e realistiche, che per il Cuoco sono lo stesso che il richiamo alla natura di un popolo («Si volle tenere una strada opposta a quella della natura»); «(...) filosofi! se volete condurci a questo punto (virtù e felicità), seguite il corso della natura», lettera a Vincenzo Russo): che è sviluppo – continua il Calandra – del concetto vichiano di natura e anticipazione, forse, di quello hegeliano e marxiano della storia come autentica natura dell'uomo, ma è soprattutto intuizione che la cultura, le idee, le istituzioni non vanno semplicemente elaborate in alto e di qui diffuse al basso, ma elaborate a tutti i livelli cominciando dal basso, dal popolo e dai suoi bisogni e con la partecipazione del popolo stesso, in piena autonomia (15).

## 2. Educazione

### *Cultura e vita*

Il punto fermo del pensiero politico ed educativo di Vincenzo Cuoco è il nesso tra cultura e vita. Da esso nasce, nel pensatore molisano, il rifiuto dell'astrattezza illuministica e l'adesione alla storica realtà dell'ambiente, il suo vichianesimo (16).

Nelle prime linee del suo *Rapporto* il Cuoco scrive: «Il fine del sapere è l'agire»; e commenta: «Se le scienze non ci servono nei più piccoli usi della vita, se non sono strettamente unite alle arti, o diventan quelle gloriosamente inutili, o rimangono imperfette. Noi diremo anche dippiù: restano imperfette anche le scienze, delle quali la prima base è sempre l'esperienza, figlia delle arti e dell'uso della vita; le arti, al contrario, diventano più oculate e più diligenti esperimentatrici, quando dalle scienze ricevono l'acume necessario a far l'esperienza e la diligenza indispensabile per poter restituire alle scienze medesime i risultati astratti delle esperienze fatte» (17).

Dal brano riportato emergono due concetti: l'uno, che afferma l'unità della cultura; l'altro, che lega strettamente questa alla vita; sono concetti che guidano tutto il pensiero moderno e per i quali il Cuoco aveva potuto ricevere stimolo prossimo dalla tradizione speculativa meridionale e, più remoto, dalla tradizione speculativa nazionale (Galilei, Leonardo da Vinci).

L'esigenza dell'unità della cultura è sempre presente nel Cuoco, in particolare nella progettazione degli studi per il regno napoletano. Egli osserva, parlando dell'ordinamento universitario: «Ci siamo imposta la legge di non limitarci alle sole cattedre necessarie. Questo sarebbe stato lo stesso che voler fare rimanere le scienze imperfette. Le scienze, a proporzione che si perfezionano, stendono i loro rapporti colle scienze vicine; e a vicenda, a misura che tali rapporti si estendono, le scienze si perfezionano» (18).

### *Unità del sapere e interdisciplinarità*

L'istanza dell'interdisciplinarità è dal Cuoco sentita ed espressa con estrema precisione e piena consapevolezza delle feconde implicanze che ne derivano.

Fermare la nostra mente su un oggetto di studio implica a un tempo approfondire ed allargare la nostra conoscenza, venire cogliendo i rapporti tra i vari elementi della realtà, stabilirne il nesso, scoprirne le leggi che ne regolano la complessa funzione, la dinamica che fa di ogni cosa una entità singola e caratteristica, ma non per questo isolata e avulsa dal contesto universale.

Il Cuoco ha ben precisa coscienza di codeste implicanze della conoscenza, la esprime, come abbiamo visto, con cristallina nettezza, e ne addita la radice – come si può evidenziare dal brano che stiamo per riportare – nella circolarità dello spirito, un concetto poi portato ad estremo rigore dalla speculazione filosofica più vicina a noi: «Non evvi, né può esservi alcuna scienza, la quale appartenga alla sola immaginazione, alla sola memoria o al solo intelletto, ma è necessario il concorso e l'opera di tutti e tre» (19).

Anche trattando di materie particolarissime, come la medicina, il Cuoco fa avvertire il nesso indissolubile tra i rami tutti della vita spirituale. Dice, a proposito della fisiologia: «Né l'uso della fisiologia si restringe alla sola medicina; ma ha un'influenza più estesa di quella che si crede per conoscer la parte morale dell'uomo ed i vari principi dell'educazione, ed estende la sua utilità anche su tutte le belle arti» (20).

Tra fenomeni intellettuali e fenomeni fisici il Cuoco vede un rapporto organico sul quale la scienza moderna viene sempre più rivolgendo le sue punte di scandaglio. Osserva: «L'uomo ha in sé due serie di fenomeni evidentemente distinti nell'apparenza, ma certamente riuniti nell'origine, perché dipendenti ambedue dallo stesso principio di vita, il quale non può non esser unico: cioè i fenomeni intellettuali ed i fenomeni fisici» (21).

A far precipitare la distinzione in separazione e, talora, anche in opposizione, per il Cuoco hanno contribuito, da un lato l'uso delle scuole, dall'altro la vastità della materia. «Ma siamo noi certi» – si domanda il pensatore, col dubbio scientifico della ricerca – «che questi fenomeni non abbiano fra loro un rapporto comune, talché un fenomeno intellettuale possa aver la sua ragione in un altro fisico? Siamo noi certi che queste due serie di fenomeni diversi, giacché il principio della vita è unico, non abbiano la stessa legge; talché, scoperta questa legge in una di esse, non si possa applicare all'altra?» (22).

La scienza dell'uomo dovrebbe essere unica, conclude il Cuoco, perché l'uomo è uno: «poiché sono divise, non sarà necessario che il moralista conosca la *fisiologia* ed il medico l'ideologia, e che abbia e l'uno e l'altro la cognizione perfetta dell'*antropologia*?» (23).

La conoscenza *integrale* dell'uomo sta per il Cuoco alla base dello sviluppo degli individui e delle società, di tutta la vita, fisica, intellettuale e morale, degli uomini:

> «L'uomo consta di due serie di fenomeni, dei quali vogliamo chiamare alcuni *fisiologici* ed altri *psicologici*: e questi secondi li vogliamo suddividere in *intellettuali* e *morali*, secondo che dipendono dall'intelletto o dalla volontà. Ora la teoria dell'intelletto è stata dai moderni coltivata più di quella della volontà, e sulla natura delle idee vediamo molto più innanzi che sulla natura degli affetti.
>
> I nostri affetti sono indubbiamente figli delle nostre idee e delle sensazioni nostre; ma, perché queste diventino soggetto delle deliberazioni delle nostre volontà, è necessario, per così dire, che prima prendano la veste di piacere o di dolore, di bello o di brutto, di bene o di male.
>
> Questa trasformazione diciam così, delle idee in sentimenti forma il primo e principal problema della teoria morale dell'uomo; problema importantissimo e nel tempo istesso difficilissimo, e nella soluzione del quale entrano a calcolo, come cagioni delle infinite varietà che si osservano, e le leggi dello spirito e quelle del corpo, e le eccezioni tutte che queste leggi generali soffrono in ciascun individuo: l'età, il temperamento, l'abitudine, e che no? Imperciocché, ammesso per vero che ci vengano dagli oggetti esterni tanto le idee quanto i sentimenti, è facile osservare che lo stesso oggetto produce sopra due diverse persone sempre la stessa idea, più o meno viva, ma non sempre lo stesso sentimento. Quindi la teoria morale dell'uomo, quale noi la desideriamo, dovrebbe riunire in una scienza sola molte parti delle cognizioni nostre, che ora sono separate e divise; alcune aggiungervene nuove, e quasi tutte perfezionarle» (24).

*Individuo e società*

In questa prospettiva è logico e necessario passare dall'individuo alla società:

> «Calcolare l'effetto che producono sui sentimenti di ciascuno le opinioni, i pregiudizi, le abitudini di tutti; scorrere le varie età di tali nazioni, le quali par che invecchino e rimbambiscano al pari degli uomini; e, seguendo l'orme di Vico, descrivere la storia eterna della loro mente e dare i veri fondamenti della legislazione» (25).

Il richiamo al Vico è frequente nelle pagine del Cuoco; esso è fatto con appropriati legami al pensiero di altri filosofi o di scienziati, con agganci concreti alla realtà nuova, storica, morale e politica, assunta dal Cuoco ad oggetto di speculazione, con evidenti segni di virtù assimilativa. Dice l'Autore (26):

> «Vico piantò le basi della vera scienza della legislazione. I suoi principi sono semplicissimi. Le azioni, egli dice, dipendono dalla volontà, la volontà dalla mente, la quale è espressa dalla somma della natura delle idee che contiene. Una nazione ha la sua mente al pari di un individuo, perché una nazione deve avere un numero di idee comuni al maggior numero degli uomini che la compongono. Se il maggior numero non fosse concorde in molte cose, non vi sarebbe società. Or questa, che egli chiama "mente comune delle nazioni", ha in se stessa la sua ragion sufficiente, ha uno sviluppo costante, soggetta a leggi inalterabili. Le idee, i costumi, le leggi, tutto cangia; ma tutto, cangiando, non cangia a caso; i cangiamenti non sono infiniti, e le nazioni vivono una vita, la quale ha un periodo inalterabile, del quale principio è la barbarie e fine la corruzione, che produce un'altra specie di barbarie, che Vico chiama *seconda*.
>
> Questa vita ha il suo progresso naturale, ma, del pari che negl'individui, questo progresso è accelerato, ritardato, turbato, da molte cagioni esterne. Tali sono il clima, il suolo, le guerre, il commercio, ecc. ecc. Ma, tra tanti accidentali cangiamenti, il filosofo riconosce sempre l'orbita che la natura avea segnata a ciascuna società, come l'astronomo riconosce l'Orbita di un pianeta in mezzo alle continue turbazioni che si osservano nel di lui corso e ne' di lui periodici ritorni. L'idea archetipa (mi sia permessa questa espressione) è nella natura istessa della mente dell'uomo; la ragione de' cangiamenti, che gli uomini vi fanno, è nella stessa natura della mente comune de' popoli. I precetti della morale acquistano così una nuova forza; una nuova forza acquistano le leggi sociali; perché acquistano una nuova dimostrazione della loro giustizia».

In un frammento di un saggio sulla *Critica della ragion pura* (27), il Cuoco scrive, intorno al reggimento politico educativo dei popoli: «Non si è riflettuto abbastanza che le azioni degli uomini sono figlie de' loro voleri, e che i loro voleri sono figli delle loro idee; onde tutto ciò che essi chiaman *buono, bello, utile, giusto*, non è che la diversa modificazione del vero; così che tutta la politica, la quale non ha che due parti sole: conoscere lo stato di una nazione e regolarlo, si può ridurre a due altri problemi:

1. Date le idee degli uomini, determinare quale per essi deve essere la verità; 2. Data un'idea nuova, cercare come si possa farla cre-

dere vera al popolo. Io considero l'arte di governare gli uomini come l'arte di condurli, e non già di forzarli. Ma, siccome la forza ha anche essa una parte necessaria nel governo, quanto meno avrete di persuasione, tanto più dovrete usare di forza».

Non si tratta nel caso del Cuoco, di moderatismo, ma di graduazione realistica, di autentico storicismo, promosso da concreta e non astratta ragione, tendente a raggiungere il fine sociale mediante l'educazione, cioè un processo non artificioso e alienante di formazione del cittadino (28).

Osserva il Cuoco, scrivendo a proposito di educazione popolare (29):

> «Il popolo si è abbandonato a se stesso, e si è detto: il popolo è inemendabile. Ignorandosi i modi di dirigerlo, si sono moltiplicate le catene per frenarlo; perché non si sapevano le ragioni per persuaderlo, si sono accresciute le pene per ispaventarlo. Così il pedante mercenario, che vende a misura di tempo le prime linee della sapienza umana, mette ogni sua ragione nella ferula, e dice: tutt'i fanciulli sono indocili, ed è indispensabile il rigore. Ma io ho osservato che il bisogno di rigore è sempre in ragione inversa della cura del maestro: il più diligente è sempre il meno severo».

*Dirigere e persuadere*

"Dirigere" e "persuadere": ecco il compito dell'educazione, secondo il Cuoco: compito difficile, e perciò raramente adempiuto nella società, nella scuola, nella famiglia stessa, in tutti i tempi. Carica di insegnamenti è la constatazione finale del passo cuochiano: il maestro più diligente è sempre il meno severo. La diligenza richiesta comporta studio, senso del dovere, tolleranza, rispetto.

"Dirigere" e "persuadere" gli individui e i popoli, non violentarli: è questo il pensiero costante del Cuoco. In un passo delle *Lettere a V. Russo* egli dice: «Io non ispero molto da quelle costituzioni che la forza ha dettate.Che questa forza sia quella di un conquistatore, il quale dispone di centomila baionette, o di un'assemblea di filosofi, i quali coll'aiuto di una favorevole prevenzione strappano al popolo un consenso che non intende, importa poco; nel primo caso si fa violenza alla volontà, nel secondo all'intelletto»: come dirigere, dunque? Nello stesso passo è detto: «Le costituzioni durevoli sono quelle che il popolo si forma da sé. Ma questo popolo, tu dirai, non parla. È vero; ma, mentre egli tace, tutto parla per lui; per lui parlano le sue idee, i suoi pregiudizi, i suoi costumi, i bisogni suoi». Aggiunge il pensatore molisano: «Il voler *tutto* riformare [cioè astrattamente, senza tener conto delle particolari condizioni di un popolo] è lo stesso che voler tutto distruggere. Il voler immaginare una costituzione, la quale debba servire agli uomini savi, è lo stesso che voler immaginare una costituzione per coloro che non ne hanno bisogno, e non darla intanto a coloro che ne abbisognano. Tu sai che questa è l'idea che io ho della costituzione francese del 1795. Questa costituzione è buona per tutti gli uomini? Ebbene, ciò vuol dire che non è buona per nessuno; e, dopo due costituzioni repubblicane, ce ne vuole un'altra per formare la felicità della repubblica» (30).

Per operare un'efficace riforma sociale occorre avere cognizione dell'ordine eterno delle cose e della contingente situazione di un popolo, se non si vuole portare questo a rovina. Funesta è stata l'opera di quei legislatori che, «pieni la mente delle sole idee intellettuali delle leggi ed ignoranti de' costumi de' popoli, li hanno spinti ad una méta a cui non potevan pervenire, perdendo in tal modo il buono che poteano ottenere, per avere un ottimo che era follia sperare; o, conoscendo solo i costumi ed ignorando il vero bene ed il vero male, hanno sancito i medesimi, ed han fatto come quel nocchiero il quale, non conoscendo il porto in cui dovea entrare, e servendo ai venti ed all'onde, ha rotto miseramente il suo legno tra gli scogli» (31).

Dirigere e persuadere: istruire ed educare, secondo le leggi eterne della natura e i bisogni particolari di un popolo. «Noi» avverte il Cuoco nelle prime linee del *Rapporto* «adoperiamo la parola *istruzione* nel suo più ampio significato; ed in ciò, oltre d'imitare tutta l'Europa colta, abbiam la gloria di seguire gli esempi domestici. I nostri pitagorici, forse i più savi istruttori di tutta l'antichità, niuna parte della vita umana escludevano dalla pubblica istruzione».

Da ciò consegue quanto viene proponendo il Cuoco per l'istruzione nel regno di Napoli.

### *L'istruzione*

L'istruzione deve essere *universale*, cioè comprendere tutte le scienze e tutte le arti; *pubblica*, non per fare dei cittadini tanti sapienti (cosa impossibile e dannosa), impossibile perché non si può giungere alla perfezione nelle scienze se non per la stessa via per la quale si perviene in tutte le arti, cioè dividendo gli oggetti del lavoro ed occupandosi di un solo; il che da un popolo intero non si può fare, poiché, per sapere, dovrebbe egli rinunciare ai mezzi di vivere; dannosa, perché rimanendosi il popolo a mezza strada, avremmo una nazione di mezzo sapienti; ed un mezzo sapiente – annota il Cuoco – è un pazzo intero, come pensava Chesterfield; ma perché è un bisogno di tutti i cittadini, di tutto lo Stato, e quindi deve essere accessibile a tutti. Di conseguenza ci deve essere un'istruzione per tutti, una per molti, una per pochi. La prima non deve formar del popolo tanti sapienti, ma deve solo istruirlo tanto, quanto basta perché possa trarre profitto dai sapienti; quella dei pochi è destinata a conservare e promuovere le scienze, le quali non si perfezionano se non da persone addette solamente ad esse: l'istruzione dei molti ha per oggetto di facilitare la comunicazione tra i pochi ed i moltissimi; *uniforme*, che è nel tempo stesso più facile e più efficace; più facile perché, connettendo bene le idee che formano il materiale dell'istruzione umana, dispensa da molte ripetizioni; più efficace, perché dalla stessa retta connessione delle idee si conoscono più facilmente i loro rapporti, e si evitano più facilmente gli errori nei nostri giudizi, le dispute degli studi nostri; ma questa *uniformità* può produrre gravi mali alle scienze medesime e può ritardarne i progressi più che le dispute istesse: ciò che contribuisce a conservare l'uniformità e nel tempo stesso ad evitare la servilità nell'istruzione, è una *direzione generale*, la quale, mentre diriga tutte le opinioni, non ne professi alcuna.

A questo punto potrebbe sembrare che il Cuoco pieghi verso un criterio di irreggimentazione dell'istruzione, ma a parte l'opportunità del momento che lo stimolava a pensare in un senso piuttosto che in un altro, l'orientamento del suo pensiero tende più all'organico sviluppo che alla statica limitazione.

Il Cuoco sa bene che «l'uniformità della istruzione porta seco inevitabilmente la servilità per le antiche opinioni, l'opposizione ostinata alle nuove verità» (32).

Lo strumento proposto dal Cuoco per avviare ad organica unità l'istruzione è la *direzione generale*. Di essa così discorre il nostro pensatore:

> «È vero che la *direzione* è anch'essa composta di uomini, dei quali ciascun tien la sua opinione; ma, giusto perché ciascuno vi porta la sua, tutte le opinioni particolari cesseranno, e non ve ne resterà che una sola comune a tutti: di tutti gli interessi non ne rimarrà che uno solo, e sarà quello della gloria. Ma la gloria di un privato bene spesso consiste nel sostener acremente una opinione qualunque: la gloria della direzione non può ritrarsi da opinioni singolari, perché essa non ne professa alcuna e deve per necessità consistere nell'avanzamento di tutte le scienze. Un professore, una corporazione morale può mettere

tante volte la sua gloria nel sostener con ingegno un assurdo; il numero dei contraddittori accresce il suo entusiasmo. La gloria di chi dirige l'istruzione in generale non consiste già nell'aver sostenuto con ingegno un sofisma, ma nell'aver meritato gli applausi di tutti gli uomini colti dell'Europa, qualunque siano le loro opinioni particolari» (33).

L'opportunità di una *direzione generale*, che serva non solo a conservare l'uniformità, ma anche a promuovere il progresso della istruzione, è propugnata dal Cuoco anche per l'ovvia constatazione della refrattarietà degli insegnanti a seguire e accettare gli sviluppi della scienza. Scrive il Cuoco, a tal proposito, cose sempre vere:

«Chi non deve disimparare un errore suole essere sempre più docile ad imparare una verità; più indocile di chi tien già un errore in testa è colui che lo ha tenuto sulle labbra, che lo ha professato, che lo ha insegnato ad altri; per la qual ragione i maestri son sempre più indocili dei discepoli, indocilissimi poi sempre sono coloro che all'amor proprio uniscono l'amor di una corporazione morale a cui appartengono, e credono dover sostenere non solo ciò che han detto essi, ma anche ciò che è stato detto dagli antecessori» (34).

Tra i compiti della *direzione generale* (uniformare e promuovere l'istruzione, vegliare all'esecuzione dei regolamenti, premiare maestri ed alunni che meritano) il Cuoco non dimentica quello dell'amministrazione dei fondi destinati alla pubblica istruzione. Tali fondi è necessario che siano a disposizione di chi è incaricato per realizzare l'uniformità e il progresso dell'istruzione. «Facendo il contrario», – spiega il Cuoco – «ne verrebbe che alcune istituzioni avrebbero fondi soverchianti, mentre altre ne mancherebbero; in alcune parti della istruzione si profonderebbe soverchio, ad altre mancherebbe il necessario per sostenerle, non che promuoverle» (35).

Il criterio dell'*uniformità* porta il Cuoco ad occuparsi del problema, sempre attuale, delle scuole private. Egli comincia con l'osservare che «ad ottenere l'uniformità è necessario che niuno insegni senza essere autorizzato dal governo» (36). Sembra strano – continua – che presso di noi sia non solo tollerato, ma anche permesso il contrario: quasi che l'esser maestro de' cittadini fosse cosa indifferente per lo Stato. Ma, si dirà, – osserva ancora il Cuoco, prevenendo una obiezione – coll'autorizzazione della suprema potestà non sarà permesso a niuno l'insegnare?

Rispondiamo che sì; ma in modo che gli studi fatti presso un privato non servano mai per ottenere i gradi accademici. E conclude: «Essi possono servire per perfezionare gli studi che si faranno nelle scuole pubbliche, non mai però per dispensarsene» (37).

Il problema si pone oggi in modo diverso rispetto a quanto il Cuoco ebbe a sostenere; ciò che resta valido è il principio secondo il quale lo Stato non dovrà demordere dal farsi carico di provvedere con proprie scuole all'istruzione di tutti i cittadini, proprio per la nostra tradizione educativa, per il carattere singolare della scuola italiana che a cominciare dalla Legge Casati del 1859 «giunge a noi attraverso una lunga teoria di riforme scolastiche e una elaborazione dottrinale pedagogica e filosofica che l'hanno reso l'espressione della nostra identità culturale e del processo di formazione dello Stato unitario nazionale» (38). E comunque l'allargamento del concetto di "pubblico", fino a comprendervi la scuola non statale, potrebbe avvenire solo se fossero assicurate condizioni di sostanziale parità in ordine a requisiti e condizioni di assunzione e gestione del personale, programmi e piani di studio, iscrizioni degli alunni. Nell'atto in cui, infatti, la scuola privata ricevesse contributi dallo Stato dovrebbe conformarsi alle stesse regole valide per le scuole statali (39).

Di altri problemi (come dell'istruzione alle donne, della gratuità dell'insegnamento) dei quali si occupò il Cuoco, non ci sembra il caso di doverci interessare perché furono considerati dal Cuoco strettamente connessi alle condizioni del tempo e del luogo a cui si rivolgeva la sua attenzione. Piuttosto è il caso di interessarsi di aspetti che hanno un valore permanente, sociale e pedagogico, ed anche più propriamente didattico.

Vediamoli uno ad uno.

## *Fini, contenuti e modi dell'istruzione*

> «L'educazione ben diretta non ha tanto di mira d'insegnare una o due idee positive di più o di meno, quanto d'ispirare l'amore di una scienza e dare alla mente un'attitudine maggiore a comprenderla: quasi diremmo che non si tratta di formare un libro, ma un uomo; giacché ad un libro rassomiglia un uomo meramente passivo, il quale tante idee tiene quante se gliene son date; mentre, al contrario, il carattere della mente è quello di esser attiva, creatrice, capace di formare le sue idee, ordinarle, saperle insomma dominare in tutti i modi e signoreggiare» (40).

Istruzione non nozionistica, dunque, inerte e infeconda; ma istruzione tendente ad attivare le attitudini e a sviluppare la capacità creativa. Con quali contenuti e con quali modi?

L'attitudine non si forma se non nella gioventù; – osserva il Cuoco – questo amore non s'ispira se non nei nostri primi anni: e l'amore, una volta fortemente ispirato per una scienza, accresce l'attitudine della mente, perché accresce col diletto l'attenzione, da cui l'acume e l'efficacia dipende di tutte le nostre facoltà. Conseguenza: «Certe scienze, che sono le più necessarie alla vita, non si mostrano mai troppo per tempo ai giovinetti, ancorché essi non possano acquistarne profondissime idee» (41). Non le apprenderanno perfettamente? si chiede il Cuoco, che così risponde: «Non importa. Le torneranno a studiare; ma le studieranno con maggiore affetto e con attenzione maggiore, e ne trarranno maggior profitto. Le abbandoneranno? Ne riterranno sempre dieci o dodici idee, le quali non saranno mai inutili. E questo è l'altro gran vantaggio di tali studi fatti per tempo: cioè che le idee, una volta impresse nella mente, non così facilmente si obliano e ci accompagnano per tutta la vita. È un fenomeno costantemente osservato da tutti i fisiologi e da tutti i medici, che, quando la nostra memoria, per effetto di età o di malattia, incomincia a vacillare, le idee, che prima si cancellano, non sono più quelle che prima abbiam ricevute, ma bensì le ultime. Obliamo ciò che ci è avvenuto la mattina; ma rammentiamo tenacissimamente tutti i piccioli accidenti della nostra infanzia» (42).

L'apprendimento delle scienze deve seguire il corso della natura, il "naturale sviluppo delle nostre facoltà". Vi sono alcune scienze, – dice il Cuoco – nello studio delle quali predominano molto l'immaginazione e la memoria, e che bisogna studiare nell'adolescenza. Tali sono la geografia e la storia.

Quanto alle lingue, pertinenti sono ancora alcune osservazioni del pensatore molisano. Prima e pregiudiziale quella che riconosce al linguaggio valore strumentale e non ornamentale, proprio e insostituibile; seconda, che la prima lingua che si deve ben conoscere è quella che si parla (diversamente da quello che si praticava nei collegi, dove si dava troppo spazio alle lingue morte); terza, che esse non si possono apprendere bene "per via di grammatiche e di vocabolari". Lo studio della lingua, e non già della grammatica, deve esser lungo; propone il Cuoco, che dice ancora: «Ogni studio soverchio che si dà alla grammatica, è tolto al vero studio della lingua, la quale non si apprende se non colla lettura e retta imitazione de' classici» (43). Da notare l'aggettivo *retta*, che limita, o meglio corregge, il significato del sostantivo, lo attualizza.

Parlando dell'insegnamento delle lingue il Cuoco mette in evidenza due modi negativi, riscontrabili talora in uso nella scuola d'oggi: l'uno, di far apparire più difficile che si possa ciò che s'insegna; l'altro, che i maestri non misurano la facilità dai discepoli ma da loro stessi.

Considerando la costituzione sociale e le leggi opportune di essa, il Cuoco afferma la necessità delle *pene* e dei *premi*.

Questa parte della scienza civile che si occupa de' premi e delle pene – annota il Cuoco – non è di lieve momento o di facile indagine; «perché inutili sono senza pena le leggi, e difficile è calcolare i rapporti che la pena ha colle opinioni e coi costumi de' popoli. Pene troppo severe (...) invece di spaventare gli animi, l'inferociscono. Pene troppo leggiere (...) rendono gli animi troppo audaci» (44).

Nella scuola «i premi dovranno essere leggieri, come quelli che debbono ispirare l'emulazione e non fomentare la cupidigia» (45).

Un criterio che la scienza moderna dell'educazione ha messo in rilievo è quello della istruzione diversificata e individualizzata; ed il pensiero del Cuoco si è trovato, a questo riguardo, sulla linea di partenza, assumendo carattere precorritore. Si legge nel Rapporto (46):

> «Le scienze sono le stesse da per tutto, perché la verità è comune a tutt'i popoli; ma il modo di stabilir l'istruzione deve esser diverso secondo che sono diverse le nazioni, perché *diverso è il modo di far comprendere la stessa verità ad uomini diversi*».

Il corsivo è nostro e vuole appunto richiamare l'attenzione sulla modernità del pensiero cuochiano nei riguardi di un problema didattico così importante: il Cuoco specifica taluni elementi da tenere in particolare considerazione nel campo dell'insegnamento, l'indole, le abitudini degli individui, le circostanze pecuniarie, ed altri, lasciati all'intelligente cura degli educatori.

*Scuola e società*

La scuola deve servire alla società. Suo compito è quello di sviluppare le attitudini dell'individuo, di promuovere il libero svolgimento della personalità, di formare il cittadino, di educare la nazione intera, rendendola «potente di senno, di cuore, di mano» (47). «Se istruir la nazione è lo stesso che educarla», – avverte il Cuoco nella premessa del *Rapporto* –, «facciamo che risorga lo studio e l'amore delle arti utili e belle: ne trarremo facilità maggiore di sussistenza e messe grandissima di gloria. La prima diminuirà i delitti che vengono dall'ozio e dalla miseria; la seconda c'incomincerà a restituire quella fiducia che dobbiamo avere in noi stessi» (48).

Scuola e società costituiscono pertanto due aspetti d'una realtà che va considerata senza sezionamenti, con quella attenzione e quell'amore al vero che al Cuoco derivavano da una coscienza storicistica alimentata dagli interessi umani e speculativi propri del paese d'origine, acuita dagli stimoli più mordenti che provenivano dalla cultura d'oltralpe (49).

## Riferimenti bibliografici


(1) FULVIO TESSITORE, *Da Cuoco a De Sanctis. Studi sulla filosofia napoletana nel primo Ottocento*, Napoli, Edizioni Scientifiche Italiane, 1988, pp. 21-22.
(2) *Ibidem*, pp. 22-24.
(3) GIUSEPPE FLORES D'ARCAIS (a cura di), *Vincenzo Cuoco. Scelta degli scritti*, Padova, C.E.D.A.M., 1940, p. IX.
(4) *Ibidem*, pp. X-XI.
(5) Dal *Platone in Italia* in *V. Cuoco. Il pensiero educativo e politico* a cura di N. Cortese, Firenze, la Nuova Italia, 1940, IV ediz. p. 67.
(6) Dal «Giornale Italiano», in GIUSEPPE FLORES D'ARCAIS (a cura di), *Vincenzo Cuoco*... cit. p. 63.
(7) Dal *Rapporto al re Gioacchino Murat e progetto di decreto per l'organizzazione della pubblica istruzione*, in GIUSEPPE FLORES D'ARCAIS (a cura di), *Vincenzo Cuoco*... cit. p. 123.
(8) Dal «Giornale italiano», cit. p. 78.
(9) *Ibidem*, p. 94.
(10) *Ibidem*, pp. 95-96.
(11) Dalle *Lettere al Russo sul progetto di costituzione del Pagano* in GIUSEPPE FLORES D'ARCAIS (a cura di), *Vincenzo Cuoco*... cit. pp. 18-19.
(12) *Ibidem*, p. 20.
(13) GIUSEPPE CALANDRA, *La pedagogia italiana dell'Ottocento*, in *La pedagogia* diretta da L. VOLPICELLI, Milano, Vallardi, vol. 8, 1975-77, p. 722.
(14) AVERARDO A. MONTESPERELLI, *Storia della scuola italiana nell'Ottocento* in *La Pedagogia*, cit. vol. 7, p. 353.
(15) GIUSEPPE CALANDRA, *La pedagogia italiana dell'Ottocento*, cit., pp. 722-723.
(16) Il pensiero del Cuoco, nella sua linea storico-politica, secondo il Flores D'Arcais, rappresenta «la prima vera critica dell'astrattismo dell'illuminismo» (G. Flores D'Arcais, *La pedagogia di V. Cuoco,* Padova 1939, p. XX). L'efficacia storicistica del pensiero cuochiano aveva già affermato

il Gentile nei primi anni del secolo (cfr., ora, nella 2ª edizione del volumetto *Vincenzo Cuoco*, Firenze 1964).

Il Gentile derivò dal Cuoco non pochi elementi per il suo concetto di autoeducazione, avendo visto nel molisano delineata una Pedagogia intesa come libertà dello Spirito: pedagogia del concreto e perciò stesso, almeno in qualche guisa (si ricordi la Storia universale!) Filosofia, e cioè Storia (Nicola Nicolini, in «Rivista di studi Crociani» ottobre-dicembre 1966, p. 496). I motivi storicistici del pensiero del Cuoco ha messo in risalto Fulvio Tessitore: *Lo storicismo di Vincenzo Cuoco*. Napoli 1965; *Lo storicismo giuridico-politico di V. Cuoco*, Torino 1966; e in altre opere citate nel corso di questo lavoro.

Mario Sansone ritiene che nel «Cuoco permangono, accanto alle suggestioni vichiane, forti – e forse preminenti – influenze illuministiche» («La letteratura a Napoli dal 1800 al 1860», in *Storia di Napoli*, Vol. IX, Napoli 1972, p. 345). Al Calò la matrice cui si lega il pensiero storico-politico del Cuoco come il suo pensiero pedagogico appare "vichiana" (cfr. G. CALÒ, *Pedagogia del Risorgimento*, Firenze 1965, p. 3). Decisamente storicistico è ritenuto il pensiero del Cuoco da Francesco Brancato che ne fa lucida e ampia analisi nel saggio *Interpretazioni ed eredità vichiane* pubblicato nel fascicolo speciale dedicato a Vico da «Nuovi quaderni del Meridione» (gennaio-giugno 1968; cfr. in particolare le pp. 72-83). Il Cortese, pur notando oscillazioni nel pensiero del Cuoco, pone in forte rilievo il suo antirazionalismo (cfr. NINO CORTESE, *Il Mezzogiorno ed il Risorgimento Italiano*, Napoli 1965, p. 188). Da vedere, intorno all'inclinazione storicistica del pensiero del Cuoco, anche: ANDREA FERRO, *La pedagogia italiana nel Settecento*, in *Biblioteca dell'Educatore* diretta da LUIGI VOLPICELLI, vol. VII, Milano, A.V.E., s.a., a p. 749 e segg.; e AVERARDO A. MONTESPERELLI, *Storia della scuola italiana dell'Ottocento*, ibidem, vol. VI, p. 793 e segg.

(17) V. CUOCO, *Scritti vari*, a cura di Nino Cortese e Fausto Nicolini, Bari 1924, II, p. 4.
(18) *Ibidem*, pp. 52-53.
(19) *Ibidem*, p. 11.
(20) *Ibidem*, p. 76.
(21) *Ibidem*, pp. 76-77.
(22) *Ibidem*.
(23) *Ibidem*, p. 77.
(24) *Ibidem*, pp. 41-42.
(25) *Ibidem*, p. 43.
(26) V. CUOCO, *Scritti vari*, cit. I, p. 335.
(27) *Ibidem*, p. 300.
(28) Prevalente tendenza "moderata" attribuisce al Cuoco il Passerin d'Entrèves («Ideologia del Risorgimento» in: *Storia della letteratura italiana*, VII, Milano 1969, pp. 251-261); come anche Piero De Tommaso (cfr. un articolo sul *Platone in Italia*, pubblicato in «Belfagor», luglio 1974).
(29) V. CUOCO, *Scritti vari*, I,cit., p. 99.
(30) V. CUOCO, *Lettere a V. Russo*, inserite nel volume *Saggio storico*, a cura di Fausto Nicolini, Bari 1913, pp. 217-219. Osserva il Tessitore a proposi-

to dell'idea cuochiana di costituzione e di legislazione costituzionale che per Cuoco «la base della costituzione è il complesso di ciò che forma le leggi civili rispetto alla legge politica della Costituzione. La forza dello Stato sta nell'equilibrio tra leggi civili e leggi politiche» (F. TESSITORE, *Da Cuoco a De Sanctis. Studi sulla filosofia napoletana nel primo Ottocento*, cit., p. 192).

(31) V. CUOCO, *Platone in Italia*, Bologna 1932, vol. I, pp. 144-145.

(32) V. CUOCO, *Scritti vari*, II, cit., p. 8.

(33) *Ibidem*, p. 10.

(34) *Ibidem*.

(35) *Ibidem*, p. 14.

(36) *Ibidem*, p. 8.

(37) *Ibidem*.

(38) VINCENZO LO COCO, *Scuola pubblica e scuola privata* in «Bollettino As.PE.I.» gennaio-marzo, 1987, p. 6.

(39) ANGELA MARTINI, *Centralismo e autonomismo nella gestione dell'unità scolastica*, in «Scuola e Città», luglio 1992, p. 312. Per quanto riguarda il problema dell'autonomia scolastica, una nuova forma di gestione economico-amministrativo-didattica è stata approvata il 24 dicembre '93 con la legge n. 537 di accompagnamento alla "finanziaria" del 1994, e dovrebbe interessare, a partire dal prossimo anno scolastico, tutte le scuole di ogni ordine e grado.

Sul problema dell'autonomia della scuola, Wolfgang Mitter e Mario Reguzzoni hanno evidenziato che nei paesi della Comunità – ed oggi anche in qualche paese dell'Europa Orientale come l'Ungheria – si assiste ad una certa tendenziale convergenza dell'impianto strutturale di sistemi educativi, nel senso che dove la tradizione autonomistica è più evidente, si riscontrano, come in Inghilterra, fenomeni di crescente controllo da parte delle autorità centrali sia sul piano amministrativo sia su quello didattico, mentre nei Paesi di tradizione centralistica a livello statale (in Germania, perciò, a livello di *Laender* piuttosto che di federazione) si è riscontrato negli ultimi decenni il progressivo affermarsi di forme di "partecipazione" (di genitori, studenti, enti locali) all'amministrazione scolastica anche in sede locale, ivi compresi gli aspetti didattici e curricolari (cfr. GIANFRANCO RESCALLI - ALDO VISALBERGHI, *L'autonomia delle scuole: risultati di una ricerca* in «Scuola e Città» 30 aprile 1994, p. 182).

(40) V. CUOCO, *Scritti vari*, cit. II, p. 25.

(41) *Ibidem*.

(42) *Ibidem*, pp. 25-26.

(43) *Ibidem*, p. 26.

(44) V. CUOCO, *Platone in Italia*, cit., pp. 144-145.

(45) V. CUOCO, *Scritti vari*, II, cit., p. 19.

(46) *Ibidem*, p. 12.

(47) *Ibidem*, p. 13.

(48) *Ibidem*, pp. 12-13.

(49) Indubbiamente, lo storicismo del Cuoco va considerato in rapporto ai tempi in cui operava l'autore, e cioè all'era napoleonica, all'età che assorbiva e rifiutava insieme illuminismo e giacobinismo; che oscillava tra vecchia e

nuova cultura; che negava e al tempo stesso idolatrava la Storia; che si alimentava del gusto del Classicismo e dello slancio del Romanticismo. Di qui i numerosi studi sulla effettiva posizione del Cuoco, e di diverso indirizzo e carattere. Oltre ai lavori menzionati, quelli di Benedetto Croce, Guido De Ruggiero, Felice Battaglia, Luigi Salvatorelli, Raffaele Laporta, Mario Vinciguerra.

*Capitolo quinto*

# Croce: storicismo ed educazione

## 1. Storicismo

Una chiave di lettura dello storicismo crociano è quella fornitaci da Fulvio Tessitore, secondo il quale si tratta di uno storicismo problematico, ricco di antinomicità, frutto di un pensiero teso tra storicismo e idealismo. E la problematicità di cui parla il Tessitore non si riferisce alla fin troppo sfruttata contrapposizione crociana delle "sistemazioni" al "sistema", ma *problematicità* significa – per lo studioso – *contraddizione* solo nell'ottica idealistica, le cui leggi Croce stesso ha accettato (1). È significativo infatti che nelle pagine dedicate a Hegel sia possibile trovare il tema centrale della filosofia crociana, i dubbi e la coscienza dolorosa della sua antinomicità, e ciò sembra indiscutibile al Tessitore se si considerino i nodi interpretativi intorno a cui, attraverso i quali Croce legge Hegel e ne discute il pensiero. Essi sono, da un lato, il tema dei rapporti tra dialettica degli opposti e nesso dei distinti e, dall'altro, strettamente connesso al primo, sul piano non più logico ma etico, quello della razionalità del reale. Sono questi i binari teoretici su cui è scorsa, mai pacata, mai soddisfatta, ma sempre vitalmente problematica, la riflessione crociana (2).

Ma il significato dell'operazione crociana è – per il Tessitore – ben più complesso ben più rilevante di una delle tante "riforme" di Hegel. «Il passaggio dal definitivismo al progressismo infinito, che si esprime nella teoria della circolarità dello spirito, ha un valore che, pur nella sua antinomicità, va oltre l'idealismo, affermandosi come istanza rigorosamente storicistica da non restringere alla positività che si è voluto riconoscere alla filosofia crociana, intesa quale storicismo metodologico, contrastante per quanto convivente con una teologia della storia a base immanentistica o “storicismo provvidenzialistico”» (3). Quale il punto più problematico dello storicismo crociano? È il rapporto tra il pensiero e l'azione, il punto nel quale la ricerca crociana si pone in modo più deciso come problema e come problema aperto. La filosofia crociana vive «di un inconfessato dramma tra pensiero e azione, tra vita teoretica e vita pratica, tra *Geist* e *Leben*, nonostante e proprio per la serenità con cui tale dramma sembra risolto e sempre di nuovo riaffiora» (4).

Una svolta decisiva nella concezione del Croce segna infatti la *Storia come pensiero e come azione*.

Osserva in proposito Enzo Paci: «la conoscenza storica, che nella *Teoria e storia della storiografia* è guidata dalla filosofia come metodologia della storia, è nella *Storia come pensiero e come azione* considerata come premessa necessaria e come preparazione all'azione. La filosofia è dunque conoscenza storica, giudizio storico, un giudizio che con la teoreticità apre alla prassi» (5).

L'azione per Croce è in realtà sempre presente anche nel pensiero se il pensiero è, sia pure nel preparare l'azione, anch'esso un'azione. È presente nel pensiero l'azione è, in modo diverso, anche negli “pseudo concetti” delle scienze, che sono teoretici e pratici, e tali devono essere per operare come tecniche. Categorie del pensiero e categorie della scienza sono un fare, se hanno origine da quel fare che è la vita, e se quel fare in esse procede, se hanno origine cioè dall'esistenza, e tale origine debbono avere per essere operanti, per porsi davvero come dei metodi applicabili (6). Su questa base, il Paci considera la filosofia di Croce come filosofia attuale, filosofia del processo storico, processo storico che potrà mutare le sue categorie costitutive, nel senso che potrà pensarsi in forme nuove, secondo nuove categorie sorte dalla vita, secondo nuove filosofie. Croce voleva che le forme della sua tetralogia rimanessero eterne e assolute: in realtà ciò che rimane vero – afferma il Paci – è che le categorie nascono dalla vita e permangono e si mutano, relativamente come si muta e relativamente permane il processo della vita. Una cosa è assoluta nella filosofia di Croce, e tale in un certo senso può permanere: il processo storico. Il processo non come concluso ed esaurito ma, appunto, come processo, come storicità, per cui Croce diceva giustamente della sua filosofia che era “storicismo assoluto” (7).

Chiarisce il Franchini: Storicismo assoluto è certamente una definizione precisa, la cui aggettivazione significa che esso si distingue da altre forme di storicismo, tipiche del pensiero del Novecento, come quello relativistico del Dilthey e in genere dello *Historismus* tedesco, quello esistenzialistico, quello dei "puri storici", o dei "puri filosofi", quello marxistico e neomarxistico. L'aggettivo "assoluto" resta ad indicare l'unità di storia e filosofia, variamente negata dai suddetti movimenti, e resa rigorosa dalla lontana ma sempre attuale teorizzazione del giudizio come giudizio storico, enunciata nella *Logica*. Tuttavia, nota il Franchini non pochi equivoci si sono creati attorno a codesta definizione, tra cui quello di attribuire al termine storicismo una sorta di necessitarismo storico, di tipo crudamente hegeliano, quasi che il riconoscimento teoretico dell'accaduto significasse abolizione della possibilità di farne oggetto di parenesi o di azione morale; ma anche quello di accompagnare alla definizione crociana dello storicismo come assoluto l'accusa di "ottimismo" (8). Contro il facile ottimismo il Franchini richiama il concetto crociano di progresso che non ha nulla a che fare col progresso rettilineo e senza nome, il progresso che è legge della storia che si attua tra lotta e contrasti, ascese e catastrofi.

Non a caso, al Luporini che su *Belfagor* (maggio 1951) scriveva che lo storicismo crociano «nega, abolisce il problema stesso della prospettiva storica nella quale ci muoviamo, e a questo problema sostituisce la generica fede nella progressività», Croce rispondeva: «Il pensare è il pensare nostro, a noi suggerito dai problemi reali della vita nostra sui quali l'opera del pensiero si eleva, mostrandoci la realtà anche di quegli aspetti che a noi spiacciono, ma che sono reali, e da questa "prospettiva" la coscienza pratica corre immediatamente ad atteggiarsi secondo le sue speranze e i suoi timori, secondo quel che l'individuo può fare o non fare, e dal concorso della deliberazione di tutti è determinato il processo dei fatti che si chiama la storia» (9).

Ma vediamo come il Croce abbia inteso parlare del suo "storicismo assoluto", nella limpida formulazione datane negli anni della piena maturità.

Scrive il Croce: «Quando il pensiero del Vico si riaffacciò (...) non giovarono alla storia né la sintesi a priori del Kant, orientata per allora verso le scienze fisiche e non già verso la storia, né la dialettica hegeliana, che svolge unilateralmente, la contrarietà e die' un'illusoria soluzione dei problemi storici sicché, infine, si ricadde (...) nelle illusioni del rinnovato scientificismo naturalistico, che fu il positivismo» (10). Il Croce spiega la nascita del conoscere storico: «Nell'accingerci a un'azione, di cui sentiamo l'urgenza, ma che è ancora indeterminata e perplessa in noi, e allora noi affidiamo la situazione nella quale siamo posti nel mondo e col mondo da cui siamo indivisibili, e, accettando la realtà, ne scrutiamo la qualità ossia la genesi, e, pervenuti a chiarezza intorno a questa, entriamo nell'azione, che la coscienza pratica e morale, così informata, c'ispira e che è creativa di nuova realtà.

Il primo momento, che è storico cioè d'intelligenza storica, e il secondo, che è pratico e morale, sono congiunti, rampollando l'uno dall'altro, sebbene, e dirò perché, distinti.

Se si volesse far di meno del primo momento, si resterebbe smarriti e immobili come ciechi; se del secondo, si annasperebbe nel vuoto. Anche qui, nel rapporto di teoria e pratica, ha luogo la sintesi a priori, che sale a sintesi di sintesi ossia alla piena unità dello spirito in tutte le sue forme» (11).

Aggiunge, a compimento, il Croce, che questo atto semplicissimo del congiungimento di teoria e pratica, che si compie a ogni istante nella vita ordinaria, «è essenzialmente il medesimo che si ritrova in grande nella formazione di opere del pensiero storico delle quali la preparazione e l'esecuzione richiedono lunghi anni e anche oltrepassano la vita delle singole persone, e sulle quali si scrivono le grandi pagine del lavoro delle società e dei popoli, intellettuale e morale in uno» (12).

La storia – conclude il Croce – nella sua schietta e piena natura – non è altro che la sequela di questi atti, ciascuno determinato in sé, ma per ciò stesso suscitatore di nuovi atti: la storia che perpetuamente si conosce, e perpetuamente si fa, dell'anima umana.

Il Croce, definendo il circolo dello spirito, lega le varie attività di esso e vede l'indissolubile unità della storia e della filosofia. Storia è sinonimo di giudizio storico, e giudizio storico non può darsi senza intervento della categoria logica, e, includendo la categoria logica il concetto di tutte le altre categorie, con l'intervento di tutti gli altri concetti categoriali nell'intero loro sistema; e questo sistema è la filosofia dello spirito, e la filosofia dello spirito è – conclude – senz'altro la filosofia, alla quale «la spiritualità e non le cose, fisicamente e naturalisticamente concepite, appartengono». Da ciò l'affermata «unità e identità della filosofia con la storiografia, e il correlativo loro svolgimento, che non è da scambiare con la identità che lo Hegel affermò della filosofia non con la storia ma con la storia della filosofia, cioè con l'arbitraria configurazione della storia del pensiero umano come la ripetizione nel tempo della dialettica delle categorie logiche, che egli aveva tracciata nella sua Logica-Metafisica» (13).

La differenza fra il suo storicismo e quello hegeliano il Croce fa consistere nel rifiuto dello «scambio e della confusione tra il rispetto che si deve alla verità, e perciò il riconoscimento dell'accaduto così come è accaduto e forma parte del nostro mondo e di noi stessi, e la dignità della coscienza morale, che crea sempre nuovi fatti e rinnova il mondo e noi stessi». La rigorosa distinzione tra pensiero e azione, fra conoscenza dei fatti e attuazione dei valori, lo portava al rifiuto di ogni filosofia della storia, di ogni «conoscenza a priori della storia in qualsiasi sua parte», poiché il moderno storicismo, quello che ha superato l'astratta costruzione hegeliana di una storia dedotta dall'Idea, «non ammette proposizione storica che non sia l'intelligenza del "documento" ossia della vita vissuta, che è il fondamento che sta a capo, o meglio in fondo, di ogni altro documento» (14).

Infinita come il conoscere storico e la vita, la filosofia ha in questo incessante rinnovarsi il continuo accrescimento di se stessa. Onde il filosofare sarà rifugio contro molte cose, ma non mai contro lo spirito critico e storico che in esso è costretto a incessante attività, e gli vieta di esser mai definitivo, cioè di morire (15). Il rapporto di filosofia e storia si fa sempre più stretto, la filosofia si risolve interamente nella metodologia della storiografia, divenendo sempre «più attenta allo svolgersi concreto della storia nelle sue tendenze, nei suoi ripiegamenti, nel suo espandersi» (16).

In definitiva nella concezione crociana la storia *spiega*, non *giustifica*. L'accaduto non è da cangiare appunto perché accaduto, e perciò neppure da sollecitare vanamente con elogi o con rimbrotti. L'accaduto forma ormai parte, positivamente o negativamente, della nostra umanità. Esso non è il definitivo e terminale: la storia del mondo continua, e perciò pensarla non basta: bisogna far la nuova storia, operare. Né pessimismo né ottimismo occorre, ma la coscienza di conoscere caso per caso la situazione in cui ci si trova e ascoltare la voce interiore per la nuova opera da eseguire con *responsabilità*. «Coloro che tutto attendono dalle condizioni di fatto, e per intanto rinunziano e si adagiano, sono gli sciocchi e i vili. Quelli che rompono in disperazione o in atti a vuoto, sono i dissennati. I sennati e coraggiosi non rinunziano al volere e al fare, e insieme sanno aspettare» (17).

«Legge della vita è creare vita e a questo e non altro si riporta ogni dovere morale, la libertà sta per la vita morale e questa per lei» (18).

La libertà risponde a un bisogno fondamentale dell'uomo, può essere in pericolo, e perciò si difende con indefessa volontà (19).

La storiografia è *preparante* e non *determinante* (...), se legge della realtà fosse il determinismo di causa ed effetto, il mondo, perduta la libertà e la creatività, non resterebbe già immobile, ma punto non sarebbe. L'esclusione del determinismo conferma la genialità e originalità della praxis, che risolve le sue difficoltà inventando forme nuove di azione, che assegna agli individui le attitudini di ciascuno, dà a ciascuno un proprio retaggio storico e la libertà di accrescerlo e di modificarlo, a ciascuno di procurarsi la "sua verità", quella che non è generica ma specifica o piuttosto singolare delle condizioni della sua vita, universale e individuale insieme, come la voce che parla in lui della coscienza morale, che è quella dell'umanità e insieme dell'essere storico di lui, dell'essere suo personale e come naturale (20).

Un nuovo interesse per la vitalità è nell'ultimo Croce. Nell'opera *Indagini su Hegel:* «La vitalità è una integrazione necessaria delle diverse forme della vita dello spirito, le quali non avrebbero voce, né altri organi, né forza se – per assurda ipotesi – restassero avulse da essa» (21). Né solamente la vitalità esercita «un ufficio *integratore* delle altre forme dello spirito e ne convalida con l'attuazione l'armonia», essa, «in un altro suo aspetto, provocando il nuovo, esercita un ufficio rivoluzionario col suggerire problemi da risolvere all'arte, al pensiero, alla morale. Quell'irrequietezza dello spirito muove da lei, perché la vitalità è irrequietezza e non si soddisfa mai» (22). La vitalità è elevata afferma Alfredo Parente "a modo categoriale" e non si identifica più, a rigore, con la forma pratica dell'utile o dell'economico, viene anzi esaltata alla funzione di eccitatrice di tutte le forme della vita, da quella organica o fisiologica e tellurica a quella conoscitiva e, nel più largo senso, spirituale. E il passaggio del concetto di vitalità dalla sua primitiva identificazione con una delle categorie distinte (l'Utile) a principio supercategoriale è stato preceduto e preparato, nello svolgimento del pensiero crociano, da analoga metamorfosi del concetto di vita morale, che il Croce, fin dal 1938, rompendo forse inavvertitamente la simmetria della tetrade dei distinti da lui primamente concepita come l'ossatura della sua Filosofia dello Spirito (Bello, Vero, Utile e Bene Morale), aveva sottratto alla sfera di tali distinti e sollevato a principio comune e supremo della vita (23).

Il nuovo concetto di "vitalità" porta a dare senso o fondamento critico al concetto crociano del "sentimento" come fondo o tonalità dello spirito.Il sentimento in tutte le sue gradazioni e inflessioni e nella sua polarità dialettica vince ogni paralisi ed eccita la volontà e si traduce in ogni forma di vita attiva ed operosa (24).

Alla rivendicazione della circolarità si accompagna, dunque negli anni della "filosofia ultima", la macerante indagine sulla ricerca della dialettica propria della "vitalità", «dialettica di cui certo (...) – afferma il Tessitore – si cerca il punto di congiunzione o unificazione con la dialettica delle altre forme spirituali, ma con timore e tremore, senza più sicurezza» (25).

Sostiene ancora il Tessitore, citando il Croce: «La giustificazione definitiva e la scoperta dell'origine della dialettica son rese possibili non guardando, come Hegel, come Spaventa, come Gentile al "Pensiero", il "gran Prevaricatore", ma alla vitalità, alla sfera vitale dello spirito, ritornando a Hegel, a patto di riconoscere che la "sua grande scoperta" fu "tutta una ricerca di alta Etica"».

È un'affermazione di grande importanza non solo nella storia dei giudizi crociani su Hegel, ma anche per lo svolgimento interno dello storicismo crociano. L'accentuarsi per l'interesse per la "scienza etica" nel Croce successivo al libro su *La storia come pensiero e come azione* è, infatti, un indice della forza prorompente dell'istanza storicistica del pensiero crociano, la quale però non riesce ad affermarsi fino alle ultime conseguenze perché non giunge mai al riconoscimento della problematicità della coincidenza tra individuale e universale (26).

Entro queste linee è da cogliere il significato dello storicismo crociano, da non irreggimentare comunque in etichettature limitative, puttosto da considerare come un momento dello storicismo in genere, le dimensioni molteplici in cui si è espresso e si esprime questa Weltanschauung restano «tutte accomunate da pari impegno etico nella ricerca di ciò che fa più umana l'esperienza storica» (27). Un impegno al quale certamente non venne meno lo storicismo crociano, di cui preciseremo alcune significative istanze educative.

## 2. Educazione

Sul significato e sul valore dell'individualità, della personalità storica, il Croce ha sempre insistito, anche se in un contrappunto di temi spesso tra loro contrastanti. Per cui, se, da una parte, si è affermato – come ha fatto Carlo Antoni –: Malgado che l'intera opera del Croce filosofo, storico, critico letterario «sia tutta vibrante del senso della personalità creatrice, egli ha ritenuto di negare questo valore, anzi ogni consistenza al concetto d'individuo. Lo ha definito un nome, una convenzione sociale cui tutt'al più ha attribuito un'esistenza come mera vitalità: le opere immortali dell'arte, del pensiero, della vita morale non sono opere degli individui, ma dello Spirito del mondo e della storia, dello Spirito dell'umanità, che degli individui si serve come di strumenti» (28); dall'altra, si è detto, ed è lo stesso Antoni a parlare: «L'uomo che, secondo Croce, è uno strumento «è però un ben strano strumento, che ha queste iniziative: attende la grazia, la invoca, coopera, ha coscienza di qualcosa che lo supera, ha infine la coscienza della propria identità col tutto, che è poi l'artefice. Evidentemente l'immagine dello strumento non è adeguata all'autentico concetto crociano dell'uomo. L'uomo non è strumento, ma artefice, fabbro della sua e della fortuna del mondo. Il suo rapporto con l'universale Spirito, è quello del figlio, che riceve, sì, la vita dal Padre, ma è un "libero"» (29).

Ma vediamo come il Croce stesso si esprime sul problema dell'individualità in rapporto all'universale. Così egli precisa: «accade che anche oggi, dinanzi alla sintesi che ha fuso i due termini, l'universale e l'individuale, risorga la domanda: – quale sia il soggetto della storia, Dio o gli uomini, l'universale o gl'individui? Quasiché la risposta non sia stata data, col considerare "soggetto" non quello che, (...), si chiama a quel modo nella teoria del giudizio, cioè il termine distinto e fuso col predicato, ma la fusione per l'appunto dei due, la sintesi in cui nessuno dei due si può isolare senza dissiparla. Sono ben comprensibili le difficoltà che s'incontrano nel pensare concetti come questi non classificatori ma dialettici, e ai quali le obiezioni vengono non dall'alto ma dal basso, dall'abito della logica formalistica o empirica.

Ma, come noi abbiamo fatto valere che distinzione e unità spirituale sono il medesimo, perché l'unità non è se non unità di distinzione, altrimenti non sarebbe speculativa e concreta ma astratta e matematica e vuota, così bisogna intendere che l'universale è universale di individualità ossia delle individualità in relazione l'una dell'altra che tutte lo compongono e in esso si unificano. Donde mai vengono le vocazioni o disposizioni, che ogni individuo scopre in sé, se non dall'universale che tesse nella storia la sua unità? Donde vengono gli "uomini provvidenziali" e gli "uomini del destino", ai quali Hegel assegnò la risoluzione delle crisi storiche e che a torto separò dagli altri come solo essi "individui storici", dimenticando che ogni individuo è storico e che la storia è crisi continua in ogni sua parte, per minima che si dica essenziale al pari di ogni altra? E per questo abbiamo sempre battuto – conclude il Croce – sul punto che il soggetto della storia sono le opere, e non già l'astratto universale o gli astratti individui» (30).

Lo Spirito *universale* di cui parla Croce – nota Giuseppe Pezzino – non è lo Spirito *assoluto* di hegeliana memoria: lo Spirito è universale nella misura in cui è *universale concreto*, un universale costantemente individuantesi.

Si aggiunga, inoltre, – continua il Pezzino – che la concezione crociana dello Spirito risponde all'esigenza di una filosofia idealistica che si sforza di eliminare ogni residuo dualismo di sostanze, ponendo un'unità intesa come soggettività e spiritualità.

Storia e spirito coincidono dunque, ma lo Spirito nella filosofia crociana ha fugato le ultime ombre della trascendenza, giacché non si concepisce più una "storia umana" e, contrapposta, una "natura", che postulano la loro unità in un principio o in un Dio che ambedue accolga e trascenda, bensì un'unica storia, perché una è la realtà, un'unica storia che è essa stessa Dio. Lo Spirito, non già il Logos hegeliano, «lo spirito quale appare nell'uomo, universalizzato», è il soggetto del divenire. E quest'identità tra Spirito e divenire storico tende, secondo Croce, a eliminare il dualismo fra natura e spirito, tra idea e spirito empirico, tra psicologia e filosofia dello spirito; o, per meglio dire, tende a riconoscere queste distinzioni (tutte le distinzioni hanno il loro motivo vero), ma come opera dello spirito stesso, si dica pure dell'uomo. Non c'è di là della logica umana una logica divina; ma la logica umana, la vera logica umana, è divina (31). Peraltro, osserva ancora il Pezzino, non bisogna trascurare che la definizione degli individui come "manifestazioni e strumenti" dello Spirito è una voluta riduzione che Croce opera in funzione polemica nei confronti delle dottrine deterministiche e di quelle casualistiche. E perché sia dissipato ogni dubbio sul provvidenzialismo trascendente, egli mette in guardia il lettore, come si evince da quanto scrive nella *Filosofia della pratica*: Ma la somma razionalità, che guida il corso storico, non dev'essere, d'altra parte, concepita come opera di una intelligenza o Provvidenza trascendente. (...) Se la storia è razionalità, una Provvidenza la conduce di certo, ma tale che si attua negli individui e opera non sopra o fuori di loro, ma in loro (32).

Gli è che nella produzione del Croce anche quella più vicina all'architettura sistematica e idealistica è sempre presente il dramma dell'uomo, l'esigenza di libertà e di affermazione della dignità umana. Nel suo storicismo non sono pochi ad avervi letto un significato umanistico, e le sue sistemazioni e il suo idealismo sono da interpretare come inquadrature e cornici di un quadro più vivo e mosso, dove si agitano moti di umano sentire, chiusure vitali e aperture di libertà, dove lo Spirito non è valore assoluto che si esprime nel corso storico, ma il processo stesso della liberazione umana, e la libertà non è l'astratta libertà con la maiuscola, ma questo stesso sforzo di liberazione dall'angusta vitalità di ognuno (33). Libertà come legge suprema, come incondizionata, poiché non dipende da nessuna condizione di fatto. Non c'è condizione di fatto – osserva il Croce – che possa accendere la libertà nei petti nei quali non si è accesa da sé; non c'è condizione di fatto, tortura, minaccia di morte, che possa spegnerla. Né la libertà può essere sradicata se la tirannia la comprime e opprime e procura di annullarla, perché questa azione nemica si attua solo parzialmente, e alle radici non può giunger mai senza render nulle le condizioni stesse del tiranneggiare, che annullerebbe sé medesimo; e del resto, anche nella maggiore umiliazione la libertà persiste in forma di rancore, di odio, di aspettazione della vendetta. Neppure interiormente, nella lotta di noi con noi stessi, con le nostre passioni, nella quale talora par che la libertà soccomba nell'errore e nel peccato, essa si perde radicalmente, perché rimane allora come forza di riscossa e principio di redenzione (34). Qui il concetto filosofico crociano della realtà come spirito e della sua circolarità, che porta come conseguenza immediata il concetto di *svolgimento* della vita spirituale, di contemperamento delle attività umane, di libertà che non è altro che la stessa coscienza morale, la quale, al pari di essa «non in altro consiste che nel pungolo ad accrescere di continuo la vita, e perciò nel riconoscere in sé e negli altri l'uomo, la forma umana da rispettare e da promuovere nella sua varia capacità creativa» (35); qui il concetto dell'educazione come «complesso di sforzi pratici intesi a promuovere e a guidare le attività e potenze spirituali » (36), come tirocinio e preparazione alla vita, preparazione al "libero fare", alla *libertà* che è essenzialmente libertà morale (37), l'educazione quindi come disciplina e promovimento di orientamenti e indirizzi pratici, formazione di abiti volitivi ovverosia di quel complesso di tendenze a desiderare e volere con costanza in un certo senso o indirizzo e che danno fondamento alla individualità (38). L'individualità che dovrà essere modificata o promossa, e che, comunque si pensi del fondamento metafisico dell'individuo, nell'esperienza si coglie proprio in un «complesso di abiti più o meno duraturi e coerenti», in un insieme di abiti volitivi, quasi appunto suo segno diagnostico, sua manifestazione empirica. Ma si può, e fino a che punto, tramite l'educazione, modificare o promuovere l'individualità? Il problema nel Croce non è esplicitamente pedagogico, ma bene di etica, ed è quello – ha rilevato Adelchi Attisani – della possibilità del signoreggiamento delle passioni come abiti volitivi e insieme delle condizioni e dei limiti di tal signoreggiamento. I due problemi sono però così legati – aggiunge l'Attisani – che la soluzione dell'uno implica la soluzione dell'altro. Se si pensa che per il Croce gli abiti volitivi sono il fondamento dell'individualità, è evidente che il loro signoreggiamento non possa significare la loro radicale dissoluzione ed eliminazione (...), ma soltanto la loro modificazione o sostituzione con altri abiti volitivi. Ai «livellatori che a tutti gli individui vogliono imporre un medesimo compito», (...) «un astratto abito razionale, un modello di umana attività, al quale tutti gli altri individui dovrebbero conformarsi», il Croce ricorda e oppone che «la virtù, l'abito virtuoso della volontà, non è di natura diversa dagli abiti della volontà in genere, dalle passioni; ed è sempre particolare e individuale come quelli», e che perciò essi, col portar guerra agli abiti individuali, «non riescono mai a sostituirli con un abito universale, che è inconcepibile, ma, tutt'al più, con altri abiti, ugualmente particolari e individuali». In realtà, la soppressione degli abiti come tali, coincidendo con la soppressione della individualità, toglierebbe alla virtù, all'educazione, ai valori umani la condizione e il fondamento della loro attuazione. E, se le passioni, gli abiti individuali hanno un loro inconcutibile diritto, con quali modi ed entro quali limiti si attua il dominio sopra di essi? E – sul piano pedagogico – come dovrà comportarsi l'educatore di fronte all'individualità dell'educando, al complesso, cioè, degli abiti volitivi in cui, *hic et nunc*, egli appare costituito? dovrà, certo, promuovere, mercè l'educazione, la virtù, ma proprio perché questa non sia qualcosa di astratto e tipico e non resti come campata in aria, non dovrà – lui, l'educatore – tener conto delle tendenze, degli abiti – naturali, come si dicono, e acquisiti – che mostra di possedere l'educando? (39).

«Certamente, la disposizione naturale o acquisita – precisa il Croce – non è la virtù; e il temperamento (poiché temperamento non è altro che complesso di abiti e attitudini) non è il carattere. Ma la virtù e il carattere richiedono abiti e passioni, delle quali porgono la sintesi volitiva e razionale, e sono la forma di quella materia. E, come la materia astrattamente considerata non è né male né bene, così gli abiti e le passioni (...) non sono per se stessi né virtù né vizi: sono fatti. E dei fatti bisogna tener conto, perché, della trascuranza, si vendicano.

D'altro canto, abiti e passioni mutano certamente, ma non già a salti e a capriccio sì bene a poco a poco, è sempre sul fondamento degli abiti e passioni preesistenti» (40).

Perciò l'educatore, così come il primo dovere di ogni individuo che voglia efficacemente operare consiste nel cercare se medesimo, dovrà indagare le disposizioni dell'alunno, stabilire quali attitudini abbia in lui deposte il corso della realtà, conoscere abiti o passioni, non per discacciarli ma per adoprarli, cosicché ciascuno possa far bene ciò a cui è stato chiamato. La ricerca non è agevole. Ma quando il naturale essere si svela, quando si vede chiara la via, all'agitazione incomposta succede la calma del lavoro regolare e sicuro, con vittorie e sconfitte, con gioie e amarezze, ma con la vista costante dello scopo, cioè della generale direzione da seguire (41).

Ma avverte il Croce che l'affermazione del diritto che spetta all'individualità nel campo pratico ha preso più volte una forma errata e irrazionale, e ciò quando l'affermata necessità del temperamento pel carattere viene scambiata con l'ammirazione pel temperamento considerato in se stesso, che, in quanto tale, non è né ammirevole né biasimevole, e, restando poi disgiunto dal carattere, si converte in istoltezza e vizio. Ma anche quando, come per alcune teorie, si è procurato stabilire il rapporto tra passioni e volontà, temperamento e carattere, intendendo passioni e temperamento nel significato di passioni viziose e temperamento malvagio; ossia considerandoli non puramente in se stessi, ma già nel loro contrasto verso la volontà razionale: donde i vani e paradossali tentativi di congiungere, armonizzando, vizi e virtù. Non meno quando il nesso di vizi e virtù è stato presentato quasi miscuglio o contemperamento; e si è affermato che i vizi entrino nella composizione delle virtù, come i tossici nelle medicine. Altra volta, infine, sono stati messi in rapporto causale vizio e virtù, facendosi dei vizi le cause del civile progresso. Ma i vizi, come non sono antecedenti, così non sono né componenti né cause delle virtù: queste sono la forza, quelli la deficienza di forza (42). «Si suole affermare comunemente – continua il Croce – che in ogni individuo le virtù a lui proprie sono accompagnate dai vizi correlativi; ma, se ciò può ritenere valore approssimativo di osservazione empirica, non ha valore alcuno quando si voglia pensare con esattezza; e sono possibili, e si trovano nel fatto, uomini la cui virtù, non che dare in eccessi e in vizi, si svolge euritmica e temperata. E forse quel detto comune mira ad altro, che non riesce a bene esprimere: al fatto che ogni potenza ha la sua impotenza, ogni individuo il suo limite; il che non importa transazione col vizio e col male, ma riaffermazione della verità, che la parte non è il tutto e l'individuo non è l'universale.

Pure, se l'individuo non esaurisce l'universale, l'universale vive negli individui, la Realtà in ciascuna delle sue forme particolari. L'affermazione del diritto dell'individualità non nega il diritto dell'universalità o lo nega soltanto in quel carattere astratto, in cui esso, a dir vero, si nega da sé medesimo. L'individuo ha l'obbligo di cercare se stesso; ma, per fare ciò, ha l'obbligo insieme di coltivarsi come uomo in universale. Una scuola, che fosse semplice cultura delle attitudini individuali, sarebbe addestramento e non educazione, fabbrica di utensili, non vivaio di attività spirituali e creatrici. Il vero specialismo è l'universalismo, e il vero universalismo lo specialismo: l'universale non opera se non specificandosi, ma la specificazione non è davvero tale se non contiene in sé l'universalità. Scissi i due termini, che sono per natura indissolubili, si ha o lo sterile generalizzare o lo stupido particolareggiare; e in quest'ultimo verso hanno peccato i tempi nostri, come altri tempi nel verso opposto. Tra i due peccati e i due squilibri, equilibrato è colui che conosce e adempie la sua propria e individuale missione così perfettamente, da adempiere insieme, con essa e per essa, la missione universale dell'uomo» (43).

I problemi dell'individualità e dell'universalità sono dunque ragionati dal Croce con equità di giudizio, in una visione realistica dell'educazione. Da questa derivano poi osservazioni coerenti, come quando dice che lo scolaro, entrando a scuola, «non è mai *tabula rasa*, e a qualunque punto lo si prenda, è già qualcosa di formato, con idee e tendenze proprie, o, per dirla con parola precisa, con problemi propri» (44). I problemi del maestro non sono quelli dello scolaro. Questi «accetta dal maestro quel che gli giova, ossia è conforme alle sue idee e tendenze, e rifiuta il resto: cioè, se è diligente ed ossequiente scolaro, non lo rifiuta pienamente, ma, senza fonderlo nel suo intelletto e nell'ambito suo, ne riempie la memoria, come relegando in luogo di deposito provvisorio, dal quale o scivolerà via del tutto o, a suo tempo, passerà a migliore ufficio. Viene tempo, infatti, nel quale i suoi nuovi problemi diventano simili o analoghi o prossimi a quelli di cui il maestro dava la soluzione; e allora quelle parole, fin allora mute, parlano davvero, ma allora, come parole proprie dello scolaro» (45). È stata, dunque, inutile la scuola? – si domanda qui il Croce. Sembra che debba dirsi il contrario, – risponde – e che sia stata doppiamente utile: la prima volta, in quanto ha fortificato in modo e negativo e positivo la personalità dello scolaro, e la seconda volta in quanto gli ha recato aiuto. Inutile – conclude – potrà dirla solo colui che si aspettava che lo scolaro diventasse il duplicato del maestro cioè desiderava una perfettissima inutilità.

E la relazione di un pensiero col suo antecedente è chiaramente posta dal Croce: «C'è un modo semplicistico e falso d'immaginare la relazione di un pensiero col suo antecedente, un modo che è in stretto legame con la concezione fallace dello svolgimento educativo; e consiste nel rappresentare quella relazione come se un ingegno, nei suoi anni giovanili, si venga rendendo esatto conto di quel che si è prodotto fino a lui, e, movendo poi da questo punto bene assodato, progredisca col criticare, rettificare ed aggiungere. Ma lo svolgimento effettivo accade in guisa affatto diversa, e, quasi si potrebbe dire, non solo coll'intendere, ma anche col non intendere. Il progresso dello spirito si attua col risolvere problemi nuovi, diversi da quelli che occuparono i predecessori; e tra quei nuovi problemi è l'opera stessa dei predecessori, che dapprima sta innanzi al nuovo spirito come "cosa in sé", cioè come nulla, e via via entra a far parte di esso come problema: sicché intendere il predecessore e progredire oltre di lui non sono due stadi distinti, ma uno stadio solo, non due ma un unico processo» (46).

Accogliere sì dunque l'esperienza passata, ma per essere trasformata secondo le nuove esigenze, la nuova situazione storica, così la situazione precedente viene comparata, corretta; ogni concetto esposto serve da stimolo al personale pensiero, «perché anche quello che si chiama comprensione, consenso e accettazione richiede un complemento personale ed è una conquista solo in quanto è un inizio di collaborazione e continuazione e correzione all'incessante accrescimento del pensiero» (47). Qui lo storicismo, l'educazione come problema sempre aperto, qui la divergenza dalla teoria gentiliana. Concepire infatti il rapporto educativo come identificazione di maestro e scolaro, unità delle due coscienze nell'atto del sapere, quel momento in cui essi non sono più due ma uno, definire quel rapporto come sintesi a priori di maestro e scolaro, e pertanto negare ogni valore alla distinzione empirica di maestro e scolaro nell'unicità dell'atto del pensiero, considerare la loro piena unità nell'atto educativo effettivamente realizzato – così come il Gentile teorizzava – significa porre la soluzione al posto del problema (48). In Croce, di fronte a quella perfetta unità, a quella piena comprensione, c'è, invece, la dualità, la difficoltà di comprendere, lo sforzo, il contrasto di tendenze. L'educazione non è solo processo interiore della coscienza individuale, è altresì rapporto che si stabilisce entro una realtà pluricentrica: la famiglia, la società, la scuola, la caserma, il convento, il seminario, il club, il partito politico e via dicendo. La filosofia crociana, affermando la distinzione e la molteplicità, la distinzione di teoretico e pratico e delle rispettive forme, la molteplicità degli atti spirituali e implicitamente (quale che sia poi la soluzione autentica del problema della "persona") delle coscienze, è ben lontana dall'accettare quell'identificazione di maestro e scolaro che è solo – afferma Vittorio Enzo Alfieri – una petizione di principio.

La correzione che si infligge alla volontà errante, il castigo, la disciplina, la norma costrittiva che noi ci imponiamo persino nella nostra vita individuale, sono concetti ben noti della filosofia crociana; e se ne desume che, se l'uomo può essere maestro a se stesso, educatore di se stesso, noi abbiamo però bisogno di maestri fuori di noi, e talvolta ce li troviamo addosso anche se non ne abbiamo bisogno né desiderio (...). Disciplina è sempre attività pratica, adesione della volontà a quella norma o sistema di norme che è manifestazione di una volontà individuale o sociale. Dove manca la disciplina, la correzione, il castigo, fallisce l'opera educativa, e in sua vece si ha l'anarchia e l'andar tentoni confidando nella benevolenza del caso (49).

Il Croce insiste sulla disciplina, negli studi e nella vita, sul rispetto alla verità, contro ogni dilettantismo, giacché la personalità si conquista, la personalità intesa come personalità morale, che, al pari della individualità in generale, nella storia vale soltanto per l'opera e nell'opera a cui partecipa e in cui si risolve (50). Perciò il posto che il concetto di personalità tiene, nella speculazione crociana, è nell'ordine dei concetti «attinenti alla pratica, alla volontà, all'azione, che pone come dovere all'uomo la formazione di un proprio carattere, conforme alla disposizione o vocazione di cui egli sente nella sua coscienza la voce, di una propria e coerente personalità che sia saldo strumento d'azione» (51).

Col cogliere il carattere essenzialmente pratico e disciplinare dell'educazione, il Croce veniva così impostando il problema educativo su basi più concrete che quelle in cui la peculiarità del fatto educativo tendeva a svanire nella generalità e genericità del processo dello spirito, dello Spirito assoluto in quanto atto puro e autoctisi, veniva a far rientrare la pedagogia nella Filosofia della pratica, non lasciandola quindi coincidere e identificare con la filosofia (52). Scrive Adelchi Attisani: «Nemmeno in uno scritto su L'*educazione estetica*, composto nel 1915 per una "Enciclopedia pedagogica" inglese (...), il

Croce, che pur mostrava di accettare l'identità gentiliana di pedagogia e filosofia dello spirito, fondata sull'identità dei due concetti di educazione e svolgimento (anzi autosvolgimento), – proprio, questo, dello spirito –, poteva dirsi in tutto concorde col pensiero del Gentile: né in ciò solo che per lui, – a differenza del Gentile –, la Filosofia dello spirito, con la quale identificava la Pedagogia, era quella che ripensa l'eterna genesi dello spirito nel suo eterno distinguersi in momenti e nel suo eterno unificarsi attraverso la distinzione stessa, ma anche e soprattutto perché egli avvertiva qua e là (...) che l'educazione dello spirito, di qualunque momento dello spirito, e nel caso, di quello estetico, è imperniata su atti di volontà, che, nella coscienza della necessità e del significato di ciascun momento dello spirito per la vita del tutto e della Realtà, operano sulle altrui volontà perché siano attuati i vari momenti e valori dello spirito stesso» (53). E qui l'Attisani continua, con precisi riferimenti: «Se l'arte, l'intuizione – espressione, diceva il Croce, "è momento necessario dello spirito, è anche parte necessaria dell'educazione, la quale *deve volere e vuole* che ogni individuo si svolga come artista". E se è vero che non c'è questione pedagogica attinente all'arte, la quale "intesa razionalmente non si risolva in questione estetica", è anche vero che la peculiarità pedagogica della questione implichi una qualche distinzione rispetto alla questione estetica per ciò stesso che – come esemplificava il Croce stesso – essa si suol presentare nella forma di quesito, *se giovi*, cioè, far così e così ("Giova dar la preferenza, nell'insegnamento della lingua e del comporre alla lettura o alla grammatica?"), al quale, col rispondere, alla luce della teoria estetica, in un senso o nell'altro, si afferma insieme che occorre *agire* verso l'educando così e così perché la verità chiarita dall'estetica si traduca nella realtà effettuale» (54).

Ma neanche il concetto di educazione come autoeducazione, poggiata sulla concezione dell'unico Soggetto, dell'Io assoluto o universale come autoctisi, poteva essere pienamente condiviso dal Croce, che «non ha mai negato la possibilità di influire sulle coscienze altrui», che considera l'educazione «opera di effettivo e consapevole intervento *hominis ad hominem*» (55), possibilità di un largo scambio di esperienze nella società in cui si vive.

Sostiene l'Alfieri: Con la teoria idealistica del processo educativo come autoeducazione, nell'unicità dell'atto del pensiero non si riconosceva altro maestro che il maestro interiore: ossia quella voce che risuona dentro di noi ed è più forte di noi, quella legge cui si deve obbedienza, quell'autorità che non si può non accettare perché è in ciascuno la voce del suo più profondo se stesso, quella determinatezza e concretezza di pensiero che è, vissuta nell'eterno presente, la storia, perché appunto essenzialmente storia è lo spirito in quanto processo e svolgimento. Il motivo di vero che c'è in questa concezione così recisamente soggettivistica, e cioè che il nostro sapere è opera del nostro pensiero nel quale non si può penetrare dal di fuori e che, se noi non comprendiamo e non giudichiamo e non facciamo nostro l'oggetto di apprendimento che ci si presenta, questo è come inesistente per noi, viene offuscato e falsato se si disconosce la funzione del maestro, anzi la necessità che un maestro ci sia. L'educazione è trasmissione di un sapere dagli anziani ai giovani, opera della società che ha le sue tradizioni da mantenere e da promuovere, si può considerare – continua l'Alfieri – *eo ipso* confutata la teoria idealistica dell'autoeducazione, nella sua genericità sofistica, e ribadire storicisticamente che educazione è sempre eteroeducazione (56).

Nemmeno è da attribuire al Croce la teoria gentiliana della identità di educazione ed istruzione: anche qui si tratta – rileva ancora l'Alfieri – di una identificazione confusionaria e sofistica, perché certamente l'istruzione contribuisce all'educazione in quanto incide sul carattere e istilla nobili sentimenti (ma non sempre, e non ogni tipo di istruzione!) mentre l'educazione, se intesa nel senso proprio di disciplina morale, può farsi anche senza alcun allargamento del sapere o con un minimo di riflessioni morali che nulla hanno a che vedere con la conoscenza scientifica e con la cultura. Conoscenza e azione, intelligenza e moralità non sono la medesima cosa: a identificarle, si finisce nel vacuo misticismo o nel più pericoloso irrazionalismo. Contro questa indebita identificazione di teoretico e pratico, Croce ha rivolto tutta la sua filosofia. In conclusione, nota l'Alfieri, Croce non si è mai occupato di pedagogia in forma teorica, ma le teorie idealistiche, fatte passare per un lungo periodo sotto il suo tacito avallo, non gli appartengono, anzi contraddicono al suo pensiero, poiché dalla sua filosofia si possono desumere principi pedagogici ben più tradizionalisti, conforme al suo storicismo e all'insegnamento del suo Vico (57). Croce non ha mai teorizzato quell'empirica istituzione che è la scuola. Invece fu idealistica la formula: "la scuola è il maestro". La formula in opposizione a quello che si vuol tacciare di autoritarismo o paternalismo nella formula idealistica è esattamente l'opposta: "la scuola è lo scolaro", cioè gli educandi devono essere norma e misura e contenuto essi stessi dell'educazione. Formule unilaterali l'una e l'altra, rappresentano l'una e l'altra una "concretizzazione mal posta": infatti considerano la scuola come una realtà in sé chiusa e isolata, senza tener conto degli altri due fattori che ne sono inseparabili, cioè la società e la cultura. È conforme allo spirito crociano considerare la scuola, e l'educazione in genere, in tale relazione e non fuori (58). E con la scuola, anche l'esistenza umana viene a concretizzarsi nel circuito della vita sociale, nel rapporto con gli altri. A chi tenta salvare se stesso senza salvare gli altri tutti, Croce nega infatti qualità di uomo (59). Libertà come coscienza morale include necessariamente legame col mondo, non diserzione da esso. Non si diventa già "puri", ma "vuoti", non "liberi" ma "morti", cercando di sciogliersi dalla realtà che ci circonda, avverte il Croce. Il pensatore e il poeta, per esser tali, ammonisce, «debbono vivere in sé, come Cristo, *peccata mundi*» (60). Cultura vera è, conseguentemente, «accordo di mente e di animo, circolo vivo di pensiero e di volontà, ed è religione (...) religione come unità dello spirito umano, e sanità e vigoria di tutte le sue forze» (61).

Il valore formativo della cultura è chiaramente affermato dal Croce, la cultura come patrimonio ideale dell'umanità, come "umanismo" e perciò stesso "storicismo" che «è il vero umanismo, cioè la verità dell'umanismo» (62). E il termine "storicismo", che ha origini recenti e significato vario e oscillante, il Croce ha accostato all'altro, assai antico e secolarmente adoperato, "umanismo", per mettere in più chiara luce il carattere dello storicismo, ma anche per la comprensione dello stesso "umanismo" e perché dall'accostamento ne ha potuto derivare l'identificazione dei due concetti.

Il principio universale dell'umanismo consiste infatti per il nostro nel riferimento a un passato per trarne lume alla propria opera ed azione. Che a questo principio poi andassero uniti concetti più o meno difettosi e restrizioni storiche maggiori o minori ma sempre arbitrarie, non è cosa che tocchi il principio stesso; e soltanto vale a confermare la necessità della correzione che di quegli errori e di quelle angustie lo storicismo ha via via eseguito.

Così, l'umanismo è stato accusato d'immobilismo e servilismo, per quel suo aver adottato il concetto dell'imitazione e innalzato il passato a modello, ma del servilismo furono, in pratica, autori e colpevoli gli imitatori, il "servum pecus", e non già l'umanismo, e neppure il concetto suo dell'imitazione, che era un primo tentativo e una prima approssimazione ad affermare il legame del passato col presente, della storia con l'azione. Il problema del rapporto del passato col presente intravisto dall'umanismo è stato poi risolto dallo storicismo col lumeggiare la dipendenza e indipendenza insieme del presente verso il passato, dell'opera nuova verso le opere che compongono la storia dell'umanità. Altresì l'umanismo è venuto solo man mano slargando la sua visione del passato in quanto valido a dar lume e guida: gradualmente fu consentito che, accanto ai greci ed ai romani, venissero collocati i poeti e scrittori ed artisti dei nuovi tempi, e le lingue e letterature moderne entrassero a parte dell'educazione umanistica.

Ma l'umanismo, per largo che si facesse nel concedere, non pervenne mai alla conclusione che lo storicismo enuncia: cioè che il passato onde si rischiara la nostra determinazione e azione è la storia tutta dell'umanità, che di volta in volta si rifà in noi presente; e ciò a causa del suo guardare al passato come ad un modello, donde la elezione di alcuni tempi e di alcuni popoli ad esclusione di altri, e l'ulteriore elezione di alcune particolari opere, secondo le esigenze e predilezioni particolari.

Meno giusta è anche l'accusa mossa all'umanismo: che esso, per essersi affermato principalmente nella poesia, nella letteratura e nelle arti figurative ed architettoniche, non abbia avvertito il rapporto con la restante storia, scientifica e religiosa, politica e morale. In verità, un umanismo analogo a quello letterario si ebbe nell'età moderna con l'ammirazione e raccomandata imitazione dei grandi fatti e dei grandi personaggi della storia greca e segnatamente romana, e gli furono sussidio e strumento, tra gli altri, le *Vite* di Plutarco, e, in genere, i libri degli storici antichi (...).

Il fatto che i nomi di alcuni dei più celebrati umanisti siano di meri letterati, chiusi o poco aperti alla politica o alla filosofia, non basta a confinare l'umanismo, quale si è manifestato nella storia, alla sola storia letteraria ed artistica. Se ci furono fanatici di Omero, ce ne furono del pari di Bruto, e se ne videro nel rinascimento italiano e nella rivoluzione francese. Come che sia, lo storicismo, che nega le restrizioni nel tempo e nello spazio, nega anche quelle di carattere qualitativo; e intende come storia ogni storia, dell'azione e del pensiero non meno che della letteratura e dell'arte.

Se queste correzioni apportate dallo storicismo tolgono all'umaninismo le scorie della sua origine letteraria e ne fanno splendere la fondamentale verità, in altro riguardo si può scorgere come esso, nella sua forma sviluppata, ripigli l'ufficio che adempì segnatamente nella sua prima grande età, in cui il medio evo decadde e fiorì il Rinascimento. L'umanismo fu allora un movimento verso la vita terrena e mondana contro l'idea trascendente e ascetica, e il suo abbracciarsi alla cultura greca e romana aveva cotesto intrinseco e pregnante significato (...). Al sorgere dell'umanismo, che parve soltanto un moto di fastidio contro la scolastica e un inno di gioia alla bellezza antica e che operò principalmente nel campo dell'arte, tennero dietro presto gli incalzanti progressi della cultura e del pensiero, che rinnovarono la filosofia e tutte le discipline morali, l'etica e la politica e la teoria dell'arte, e la metodologia delle scienze; e di questo gran lavoro spirituale erede è lo soricismo, che contiene in sé l'affrancamento dalla trascendenza di ogni guisa, l'affermazione della vita morale, politica ed economica, il risalto dato alla passione e alla poesia, il ringiovanimento della vita intellettuale e morale, la dialettica che è il nuovo organo logico: senza le quali condizioni e parti non è dato pensare veramente la storia.

Finalmente, l'indifferenza o l'avversione che si nota nell'umanismo (e già in quello antico, ma assai più spiccata nel moderno) riguardo alle scienze naturali, fisiche e matematiche, e quella sorta di guerra che di volta in volta si riaccende tra umanisti e scientifisti, e in genere tra cultori delle scienze della mente e cultori delle scienze della natura, e di contese pedagogiche tra scuola umanistica e scuola reale o tecnica, ottiene nello storicismo la sua giustificazione e insieme la sua purificazione, perché quell'indifferenza o quell'avversione non mirava veramente al discredito e all'abbattimento dell'avversario (le scienze matematiche, fisiche e naturali), ma era, ed è, soltanto un modo di proteggere se stesso contro le sopraffazioni del determinismo e materialismo, che d'ordinario s'intesse intorno a quelle scienze e si fa forte del loro nome. La realtà è storia e solo storicamente la si conosce, e le scienze la misurano bensì e la classificano come è pur necessario, ma non propriamente la conoscono, né loro ufficio è di conoscerla nell'intrinseco. L'orgoglio degli "studia humaniora" verso i "realia" non vuol dir altro se non questo; e non meno, ma non più di questo, lo storicismo, da sua parte, conferma.

Col risolvere l'umanismo nello storicismo non solo si penetra nel motivo suo essenziale e s'intende la parte da esso tenuta nella storia dello spirito europeo, ma anche si chiude l'adito al cattivo uso che se ne suol fare quando si viene a restringerlo a certe particolari tendenze o velleità di tendenze letterarie o altresì morali e religiose... Dunque, l'idea di umanismo, per essere pensata e attuata seriamente, non può ormai se non identificarsi con lo storicismo, che è l'umanismo dei nuovi tempi, adeguato ai nuovi tempi (63). *Storicismo* che è creare la propria azione, il proprio pensiero, la propria poesia, movendo dalla coscienza presente del passato; *cultura storica* che è l'acquistato abito o virtù di così pensare e fare; *educazione storica*, la formazione di questo abito (64). Ecco ancora una volta prospettato in tutta la sua pregnanza l'ideale storicistico dell'educazione, ideale che qui si concretizza nel significato più autentico della cultura come «consapevolezza della storia in cui vive la società e vive ogni singolo» (65), che promuove la dimensione storico-culturale del soggetto, lo spirito critico, di contro ai settorialismi e agli eccessi dell'odierno tecnicismo.

## Riferimenti bibliografici


(1) FULVIO TESSITORE, *Dimensioni dello storicismo*, Napoli, Morano Ed., 1971, pp. 43-44.

(2) *Ibidem*, p. 49.

(3) *Ibidem*, p. 83. Nell'interpretazione del Rossi, proprio in quanto per Croce la realtà è spirito e lo spirito è, da parte sua, storia, il processo storico risulta qualificato in base alla tesi hegeliana dell'identità tra razionale e reale, il postulato della razionalità della storia diventa il principio non soltanto di spiegazione, ma anche di giustificazione del processo storico ai cui singoli momenti viene in ogni caso attribuita una funzione necessaria nell'ambito complessivo del processo. Per questa via lo storicismo del Croce – ritiene il Rossi – si fa una «teologia della storia a base immanentistica, che si regge su una fede religiosa nella presenza dello spirito nel mondo» (PIETRO ROSSI, *Lo storicismo contemporaneo*, Torino, Loescher, 1977, pp. XXI-XXII). D'altra parte, riconosce lo stesso Rossi che nello storicismo del Croce «l'esigenza di porre in luce la rispondenza della storiografia a un bisogno pratico, la sua capacità di chiarire i termini della situazione in cui deve inserirsi l'azione morale» conducono il pensatore al riconoscimento della funzione umana della storia attraverso l'analisi del condizionamento della ricerca storica da parte di una situazione esistenziale (*Ibidem*, p. XXII). Sulle diverse interpretazioni dello storicismo crociano, vedansi: G. SASSO, *Croce e la storia* in AA.VV., *L'eredità di Croce*, Napoli, Guida, 1985; ANNA ESCHER DI STEFANO, *Storicismo e processo allo storicismo: Benedetto Croce* in ANNA ESCHER DI STEFANO, FRANCESCO CONIGLIONE, *Percorsi di Filosofia Contemporanea*, Catania, C.U.E.C.M., 1992.

(4) ENZO PACI, *Esistenzialismo e storicismo*, Milano, 1950, pp. 210 e 47, citato da F. TESSITORE, *Dimensioni dello storicismo*, cit., pp. 95-96.

(5) ENZO PACI, *La filosofia contemporanea*, Milano, Garzanti, 1974, p. 69.

(6) *Ibidem*, pp. 70-71.

(7) *Ibidem*, pp. 70-72.

(8) RAFFAELLO FRANCHINI, *La teoria della storia di Benedetto Croce*, Napoli, Morano, 1966, pp. 157-160.

(9) BENEDETTO CROCE, *Terze pagine sparse*, Bari, Laterza, 1955, vol. II, p. 255.

(10) BENEDETTO CROCE, *Terze pagine sparse*, Bari, Laterza, 1955, vol. I, p. 257.

(11) *Ibidem*, p. 252.

(12) *Ibidem*, p. 253.

(13) *Ibidem*, p. 259. Il Franchini rileva che la concezione della filosofia come metodologia della storia fin dal suo apparire – si collega infatti al libro sulla *Logica* del 1909, ove si affermava l'unità di giudizio definitorio e giudizio individuale – intendeva pervenire sul piano concreto ad una concezione della filosofia non come "*ancilla historiae*", bensì come tutta e solo storia, in quanto *indagine sul concreto* e in tal senso perpetua dilucidazione delle categorie conoscitive e pratiche. In questo senso la filosofia, come "metodologia della storia", è il preciso contrario di una metafisica, anche solo di una "metafisica della mente" di tipo idealistico, perché si discioglie nella realtà senza minimamente irrigidirsi nell'astrazione di un metodo estrinseco da applicarsi a non meno estrinseci oggetti del reale (RAFFAELLO FRANCHINI, *La logica della filosofia*, Napoli, Giannini, 1967, p. 150).

(14) BENEDETTO CROCE, *Differenza dello storicismo hegeliano dallo storicismo nuovo*, in *Discorsi di varia filosofia*, Bari, 1945, vol. I, pp. 125-126, citato da PAOLO BONETTI, *Introduzione a Croce*, Bari, Laterza 1989, 2ª ediz. p. 96.

(15) BENEDETTO CROCE, *Terze pagine sparse*, cit. vol. I, p. 260.

(16) ANTONIO JANNAZZO, *Vitalità e storia nel pensiero crociano*, in «Rivista di Studi Crociani», ottobre-dicembre 1970, p. 418.

(17) BENEDETTO CROCE, *Conversazioni critiche*, serie quarta Bari, Laterza, 1951, p. 297.

(18) BENEDETTO CROCE, *Terze pagine sparse*, vol. I, cit. p. 60.

(19) BENEDETTO CROCE, *Conversazioni critiche*, cit. p. 194.

(20) BENEDETTO CROCE, *Terze pagine sparse*, cit. vol. I, p. 113.
Nel concreto della conoscenza storica rivolta al futuro, come preparazione indeterminante dell'azione, viene eliminato il pericolo di panlogismo, nota il Franchini. La sintesi logica, se deve essere "liberazione dalla storia" come concreta storiografia, si proietta oltre la storia fatta verso la storia da farsi, ed è essa in grado di suggerire, di anticipare (o di prevedere) i temi della storia futura non già secondo schemi generalizzanti di tipo sociologico o statistico – ai quali nessuno contesta validità nei campi che gli sono propri (...) – ma mediante l'interpretazione e la conoscenza di situazioni concrete nelle quali soltanto acquista significato l'azione umana.
Per questa stessa via, «il carattere aprioristico della sintesi viene non solo serbato, ma vigorosamente fatto valere come anticipo teoretico dell'azione, previsione concreta di una situazione in sviluppo nella quale la volontà deve inserirsi a seguito di una luce alla quale non basta l'aver fugato soltanto le tenebre del passato e che si spinge perciò arditamente incontro a quelle dell'avvenire, del non essere da determinare ancora e sempre come diverso, da conoscere come distinto» (RAFFAELLO FRANCHINI, *La logica della Filosofia*, cit. pp. 13-14).

(21) Benedetto Croce, *Indagini su Hegel*, Bari, 1967, p. 30.
(22) *Ibidem*, p. 31.
(23) Alfredo Parente, *Il concetto crociano della vitalità*, in «Rivista di studi crociani», ottobre-dicembre 1970, p. 403.
(24) *Ibidem*, pp. 408-409.
(25) Fulvio Tessitore, *Dimensioni dello storicismo*, cit. p. 101.
(26) *Ibidem*, p. 104.
(27) *Ibidem*, p. 8.
(28) Carlo Antoni, *Lo Storicismo*, Torino, 1957, p. 19.
(29) Carlo Antoni, *Commento a Croce*, Venezia, 1955, p. 244.
(30) Benedetto Croce, *Storiografia e idealità morale*, Bari, Laterza, 1967, 2ª ediz., pp. 52-53.
(31) Giuseppe Pezzino, *Ottimismo dialettico e svolgimento storico, in* Antonino Bruno *(a cura di), Benedetto Croce trent'anni dopo*, Bari, Laterza, 1983, pp. 235-236.
(32) *Ibidem*, p. 236.
(33) Antonino Bruno, *L'ultimo Croce e i nuovi problemi*, Milano, Franco Angeli, 1990, pp. 68-69.
(34) Benedetto Croce, *Storiografia e idealità morale*, cit. pp. 60-61.
(35) Benedetto Croce, *La Storia come pensiero e come azione*, Bari, Laterza, 1954, 6a ediz., p. 254.
(36) Adelchi Attisani, *Etica e Storicismo*, Napoli, 1967, p. 113.
(37) Adelchi Attisani, *Interpretazioni crociane*, Messina, D'Amico, 1953, p. 215.
(38) *Ibidem*, pp. 206, 208.
(39) *Ibidem*, pp. 208-209.
(40) Benedetto Croce, *Filosofia della Pratica. Economia ed Etica*, 4ª ediz., Bari, Laterza, 1932, p. 153.
(41) *Ibidem*, pp. 153-154.
(42) *Ibidem*, pp. 155-156.
(43) *Ibidem*, pp. 156-157.
(44) Benedetto Croce, *Etica e politica*, Bari, Laterza, 1931, p. 198.
(45) *Ibidem*.
(46) *Ibidem*, pp. 392-93.
(47) Benedetto Croce, *Storiografia e idealità morale*, cit. p. 68.
(48) Vittorio Enzo Alfieri, *Pedagogia crociana*, Napoli, Morano, 1967, p. 63.
(49) *Ibidem*, pp. 63, 65-66.
(50) Benedetto Croce, *Storiografia e idealità morale*, cit. p. 55.
(51) *Ibidem*.
(52) Adelchi Attisani, *Interpretazioni crociane*, cit., p. 214.
(53) *Ibidem*, pp. 215-216.
(54) *Ibidem*, p. 216.
(55) Adelchi Attisani, *Etica e Storicismo*, cit., p. 113.
(56) Vittorio Enzo Alfieri, *Pedagogia crociana*, cit. pp. 76-77.
(57) *Ibidem*, pp. 77-78.
(58) *Ibidem*, pp. 78-79.
(59) Benedetto Croce, *Terze pagine sparse*, Vol. I, cit., p. 54.

(60) BENEDETTO CROCE, *Pagine sulla guerra*, Bari, Laterza, 1928, 2ª ediz., p. 249.
(61) BENEDETTO CROCE, *Storia del Regno di Napoli*, Bari, Laterza, 1967 (ediz. econ.), p. 142.
(62) BENEDETTO CROCE, *La Storia come pensiero e come azione*, cit., p. 324.
(63) *Ibidem*, pp. 324-330.
(64) *Ibidem*, p. 324.
(65) VITTORIO ENZO ALFIERI, *Pedagogia crociana*, cit., p. 133.

*Capitolo sesto*

# Gramsci: storicismo ed educazione

## 1. Storicismo

Una concezione storicistica della realtà è nella «filosofia della praxis» di Antonio Gramsci. Uno storicismo non relativistico, né dogmatico, uno storicismo volontaristico che rifiuta ogni concezione meccanica della realtà (1): filosofia della praxis come «attualizzazione dell'unità dell'uomo e del mondo», come «creazione di un mondo socio-umano» (2), filosofia antimetafisica perché contro «ogni formulazione sistematica che si ponga come verità extrastorica, come un universale astratto fuori del tempo e dello spazio» (3). In questo considerare la filosofia della prassi come umanismo e storicismo, e, insieme, storicità è la massima tensione del pensiero gramsciano: non confusione di materialismo storico e materialismo dialettico, di ideologia e scienza, ma scelta teorica fermissima e consapevole. Gramsci – sostiene Eugenio Garin – fermo al suo storicismo, sa che in un mondo diviso, nella lotta, l'innalzamento a *scienza*, la pretesa scientificità assoluta di una posizione culturale portano alla chiusura dogmatica, al settarismo, perciò la sua affermazione: «avviene che anche la stessa filosofia della prassi tende a diventare una ideologia nel senso deteriore, cioè un sistema dogmatico di verità assolute ed eterne; specialmente quando (...) esso è confuso col materialismo volgare, con la metafisica della "materia" che non può non essere eterna e assoluta» (4). Ecco allora la filosofia della prassi concepire se stessa storicisticamente, «come cioè una fase transitoria del pensiero filosofico (...) è una filosofia liberata (o che cerca di liberarsi) da ogni elemento ideologico unilaterale e fanatico, è la coscienza piena delle contraddizioni, in cui lo stesso filosofo, inteso individualmente o inteso come intiero gruppo sociale, non solo comprende le contraddizioni ma pone se stesso come elemento della contraddizione, eleva questo elemento a principio di coscienza e quindi di azione» (5).

Se la filosofia della prassi afferma teoricamente che ogni "verità" creduta eterna e assoluta ha avuto origini pratiche e ha rappresentato un valore "provvisorio" (storicità di ogni concezione del mondo e della vita), è molto difficile far comprendere "praticamente" che una tale interpretazione è valida anche per la stessa filosofia della prassi, senza scuotere quei convincimenti che sono necessari per l'azione. Questa è, d'altronde, una difficoltà, che si ripresenta per ogni filosofia storicistica: di essa abusano i polemisti a buon mercato (...) per contrapporre nello stesso individuo lo "scienziato" al "demagogo", il filosofo all'uomo d'azione, e per dedurre che lo storicismo conduce necessariamente allo scetticismo morale e alla depravazione (6).

Ma vediamo su quali basi si fonda la filosofia della praxis. Si afferma – rileva Gramsci – che essa è nata sul terreno del massimo sviluppo della cultura della prima metà del secolo XIX, cultura rappresentata dalla filosofia classica tedesca, dall'economia classica inglese, e dalla letteratura e pratica politica francese, ma questi tre movimenti – egli sostiene – essa ha elaborato sinteticamente; e il momento sintetico unitario Gramsci identifica nel nuovo concetto di immanenza, che dalla sua forma speculativa, offerta dalla filosofia classica tedesca, è stato tradotto in forma storicistica coll'aiuto della politica francese e dell'economia classica inglese (7).

In un certo senso mi pare si possa dire – precisa Gramsci – che la filosofia della praxis è uguale a Hegel più Davide Ricardo. La scoperta del principio logico formale della "legge di tendenza", che porta a definire scientificamente i concetti fondamentali nell'economia di "homo oeconomicus" e di "mercato determinato", non è stata una scoperta di valore anche gnoseologico? Non implica appunto una nuova "immanenza", una nuova concezione della "necessità" e della libertà? Questa traduzione ha fatto appunto la filosofia della praxis che ha universalizzato le scoperte di Ricardo estendendole adeguatamente a tutta la storia, quindi ricavandone originalmente una nuova concezione del mondo.

Di qui una serie di questioni da approfondire: riassumere i principi scientifici-formali del Ricardo nella loro forma di canoni empirici; ricercare l'origine storica di questi principi ricardiani che sono connessi al sorgere della scienza economica stessa, cioè allo sviluppo della borghesia come classe "concretamente mondiale" e al formarsi quindi di un mercato mondiale già abbastanza "denso" di movimenti complessi perché se ne possano isolare e studiare delle leggi di regolarità necessarie, cioè delle leggi di tendenza, che sono leggi non in senso naturalistico o del determinismo speculatico, ma in senso "storicistico" in quanto cioè si verifica il "mercato determinato", ossia un ambiente organicamente vivo e connesso nei suoi movimenti di sviluppo. (L'economia studia queste leggi di tendenza in quanto espressioni *quantitative* dei fenomeni; nel passaggio dall'economia alla storia generale il concetto di quantità è integrato da quello di qualità e dalla dialettica quantità che diventa qualità *quantità = necessità; qualità = libertà*. La dialettica quantità-qualità è identica a quella necessità-libertà); porre in connessione Ricardo con Hegel e con Robespierre; come la filosofia della praxis è giunta dalla sintesi di queste tre correnti vive alla nuova concezione dell'immanenza, depurata da ogni traccia di trascendenza e di teologia.

Una serie di concetti da approfondire è anche quella di: empirismo – realismo storicistico – speculazione filosofica.

Accanto alla quistione dell'apporto ricardiano alla filosofia della praxis, è da porre quella riguardante l'atteggiamento della filosofia della praxis verso l'attuale continuazione della filosofia classica tedesca rappresentata dalla moderna filosofia idealistica italiana di Croce e Gentile. Come occorre intendere la proposizione di Engels sull'eredità della filosofia classica tedesca? Occorre intenderla come un circolo storico ormai chiuso, in cui l'assorbimento della parte vitale dell'hegelismo è già definitivamente compiuto, una volta per tutte, o si può intendere come un processo storico ancora in movimento, per cui si riproduce una necessità nuova di sintesi culturale filosofica? A me pare giusta – sostiene Gramsci – questa seconda risposta; in realtà si riproduce ancora la posizione reciprocamente unilaterale criticata nella prima tesi su Feuerbach tra materialismo e idealismo e come allora, sebbene in un momento superiore, è necessaria la sintesi in un momento di superiore sviluppo della filosofia della praxis (8).

L'unità è data dallo sviluppo dialettico delle contraddizioni tra l'uomo e la materia (natura-forze materiali di produzione). Nell'economia il centro unitario è il valore, ossia il rapporto tra il lavoratore e le forze industriali di produzione (i negatori della teoria del valore cadono nel crasso materialismo volgare ponendo le macchine in sé – come capitale costante o tecnico – come produttrici di valore all'infuori dell'uomo che lo conduce). Nella filosofia – la prassi – cioè rapporto tra la volontà umana (superstruttura) e la struttura economica. Nella politica – rapporto tra lo Stato e la società civile – cioè intervento dello Stato (volontà centralizzata) per educare l'educatore, l'ambiente sociale in genere (9). Se queste tre attività, filosofia – politica – economia, sono gli elementi costitutivi necessari di una stessa concezione del mondo, necessariamente deve esserci, nei loro principi teorici, convertibilità da una all'altra, traduzione reciproca nel proprio specifico linguaggio di ogni elemento costitutivo: uno è implicito nell'altro, e tutti insieme formano un circolo omogeneo (10).

Lungo questa linea, Gramsci sviluppa i punti cardini della sua teoria: la concezione della natura umana, quella del blocco storico e la teoria dell'egemonia, in una prospettiva storicistica libera da ogni deteriore speculazione positivistica, che si accompagna ad un moderno "umanesimo" laico, realistico, democratico (11). Una prospettiva storicistica che trova radici nella polemica antipositivistica entro cui Gramsci si formò, nella nuova lettura di Marx (e di Hegel) e nel nuovo modo di intendere il rapporto uomo-natura e scienza-storia, nella riflessione europea dei primi tre decenni circa del secolo. Qui si collocano le sue professioni di storicismo, qui la sua doppia polemica antipositivistica e anticrociana (12). Quest'ultima poi – sostiene il Garin – è una polemica fondamentalmente di natura politica. «La stessa revisione della tradizione culturale italiana, in polemica con Croce, fu nella sostanza un atto di rilevanza politica: la scelta di un'altra Italia, contrapposta all'Italia disegnata dal Croce» (13).

Gli è che in Gramsci la riflessione storica diventa anche materia di considerazione politica, perciò alla identità di storia e filosofia affermata dal Croce, Gramsci oppone una più radicale identità tra storia e politica con l'avvertenza – sottolinea Giuseppe Galasso citando Gramsci – che «dovrà intendersi per politica quella che si realizza e non solo i tentativi diversi e ripetuti di realizzazione alcuni dei quali falliscono presi in sé»; per questa via il pensatore sardo, giungendo alla identificazione tra la filosofia e la politica, rifiuta di distinguere le ideologie (uguali, secondo Croce, a strumenti di azione politica) dalla filosofia. L'identificazione crociana di storia e filosofia resta per Gramsci nel libresco e nell'erudito e «solo l'identificazione di storia e politica toglie alla storia questo suo carattere. Se il politico è uno storico (non solo nel senso che fa la storia, ma nel senso che operando nel presente interpreta il passato), lo storico è un politico e in questo senso (che del resto appare anche nel Croce) la storia è sempre storia contemporanea, cioè politica». Ma – rileva il Galasso – bisogna rendersi conto che, quando il Croce parla degli elementi che determinano la contemporaneità della storia, parla di interessi della vita morale (in cui la politica è assorbita e risolta) o culturale; quando, invece, ne parla Gramsci, parla di interessi immediati e presenti della vita politica e sociale in senso stretto (14). Per Gramsci la storia in atto del Croce resta "storia speculativa" che prescinde dalla concezione di un "blocco storico". Nel quadro della riflessione gramsciana, la storia etico-politica non viene esclusa, anzi si può dire che «la fase più recente dello sviluppo di essa consiste (...) nella rivendicazione del momento dell'egemonia come essenziale nella sua concezione statale e nella "valorizzazione" del fatto culturale, dell'attività culturale, di un fronte culturale come necessario accanto a quelli meramente economici e meramente politici». Il principio teorico-pratico dell'egemonia che trova fondamento teorico nel passo dell'introduzione alla *Critica dell'economia politica* "gli uomini prendono coscienza dei conflitti di struttura nel terreno delle ideologie", "ha anche una portata gnoseologica". Per la filosofia della praxis infatti "le superstrutture" sono realtà (...) oggettiva e operante in sostanza "fatti storici reali". Ma le ragioni storiche del prevalere dell' "espansione" di un principio egemonico vanno ricondotte "all'insieme dei rapporti sociali" storicamente determinati, e la "storia etico-politica" in quanto prescinde dal concetto di blocco storico, in cui contenuto economico-sociale e forma etico-politica si identificano concretamente nella ricostruzione dei vari periodi storici, è niente altro che una presentazione polemica di filosofemi più o meno interessanti, ma non è storia» (15). In definitiva, Gramsci è contro il carattere speculativo del crocismo, ma non esclude la storia etico-politica, che riconosce come *necessaria* nell'approfondimento dello sviluppo storico, se si vuole fare storia integrale e non parziale ed estrinseca.

Nello sforzo di recuperare ed esaltare il nucleo essenziale della visione critica della storia è da cogliere perciò il senso della traduzione gramsciana del marxismo in *filosofia della prassi* e il suo prender forma nello spazio delineato dalla critica all'idealismo italiano e al materialismo deterministico (16). Gramsci critica gli assunti pre-interpretativi materialistici o idealistici che siano. È impegnato a sconfiggere i dottrinarismi oggettivistici, oggettivistico-economicistici, deterministici. È per un sapere – rileva Aldo Zanardo – che sia anzitutto uno sporgersi verso la concretezza delle cose e dei processi e verso la natura non preaccertabile dei loro ruoli (17). In questa prospettiva, l'interpretare il mondo non è e non ha da essere "puramente teorico o contemplativo", né è solo attività pratica; l'interpretare è esplorare, scoprire, conoscere, sistemare. (...) nell'interpretare una forte presenza di analiticità. Ma l'interpretare (...) non può avere solo la forma dell'esporsi alla determinatezza delle cose e dei loro processi, è anche uso della ragione. Dentro il molteplice concreto vanno rintracciate aggregazioni, conflittualità, dinamismi sovraindividuali. E davanti al molteplice e alla complessità che lo struttura all'interno non si può non procedere alla elaborazione di visioni e di progetti d'insieme (...) Leggere dentro le cose e dentro i loro processi rende possibile un trasformare il mondo che abbia elementi di complessività, di "programmaticità". All'attenzione al molteplice differenziato Gramsci non associa un trasformare concepito come adagiamento passivo a questo o "come piccola politica", politica non produttiva di nuovo, ma di equilibrio, di ingegneria minimale. L'ottica della razionalità garantisce il trasformare come "grande politica". La lezione che ne deriva è che «la politica non si deve esaurire nel piccolo fare, in un fare che non si riferisca a soggettività, a situazioni, a prospettive grandi; e che l'interpretare razionale o categoriale si appiattisca sull'interpretare concreto». Ma ciò che è più da rilevare – nota Zanardo – sono la novità e la flessibilità degli strumenti categoriali. Si tratta di strumenti che non vanno a discriminare e a gerarchizzare livelli presuntivamente separati dalla realtà (...), ma che vanno spesso a collegare momenti di livelli diversi, a cogliere ed evidenziare unioni di momenti diversi: dunque non, seccamente, la distinzione di struttura e soprastrutture, di economia e politica, di economia e cultura. Si noti peraltro la non definitività di tali strumenti, la loro revisibilità. E si noti ancora – continua Zanardo – l'orientamento di Gramsci a mantenere distinte le categorie che descrivono il profondo del reale e del possibile dalle categorie morali, attinenti al dover essere ultimo. Sicché, sul suo razionalismo, Gramsci fa pesare un duplice criticismo: quello che muove dalla sensibilità al molteplice, dunque novità, flessibilità e revisibilità del razionale; e quello che si richiama al posto ultimo dei valori morali, dunque ancora revisibilità e contestabilità del razionale che è stato realizzato o che può essere realizzato (18). In definitiva, Zanardo coglie due istanze fondamentali nella riflessione gramsciana; l'istanza di una cultura della sinistra che pratichi un interpretare non legittimativo della prassi, esposto impregiudicativamente verso il concreto delle cose e dei loro processi, impegnato a reperire dentro questo concreto modi di razionalità non astratti e rigidi; e l'istanza di una cultura della sinistra che saldi intimamente la politica alla morale, la trasformazione del mondo ai valori della liberazione e dell'elevazione umana di ogni individuo (19).

Valori già subordinati nella scala dell'agire umano (come ad esempio quelli connessi alla crescita collettiva, per cui, come diceva Marx, «il libero sviluppo di ciascuno deve essere condizionato dal libero sviluppo di tutti») trovano in Gramsci – precisa Nicola Badaloni – un meccanismo di attuazione che contiene il germe di una scienza sociologica incorporata nella sovrastruttura complessa. Scrive Gramsci: «L'individuo è originale storicamente quando dà il massimo di risalto e di vita alla "socialità", senza cui egli sarebbe un idiota». Se il conformismo può essere ipocrita, esso può essere anche «razionale cioè rispondente alle necessità, al minimo sforzo per ottenere un risultato utile e la disciplina di tale conformismo è da esaltare e promuovere, è da fare diventare "spontaneità" e "sincerità" (...). Ognuno è portato a far di sé l'archetipo della "moda", della "società" e a porsi come "esemplare". Pertanto la società, il conformismo, è il risultato di una lotta culturale (e non solo culturale), è un dato "oggettivo" o universale, così come non può non essere oggettiva o universale la "necessità" su cui s'innalza l'edificio della libertà». Come intenda quest'ultimo concetto è detto quando, dopo aver aggiunto «conformismo significa (...) socialità» e che usa il primo termine «per urtare gli imbecilli», Gramsci si sforza di definire il senso del "creativo". Esso va concepito, in polemica col socialismo, come "pensiero" che modifica il modo di sentire del maggior numero e quindi della realtà stessa, che non può essere pensata senza questo maggior numero. Vi è in ciò una reinterpretazione in senso democratico della sociologia liberale. Gramsci esclude i residui carismatici; mantiene però l'originalità individuale come mezzo di crescita collettiva, come costruzione di un contesto che è esso stesso storico, frutto di scontri egemonici, già fortemente liberanti, se capaci di aprire il campo a un nuovo senso comune (20).

Non piatto storicismo, né subordinazione della filosofia della prassi alla mera politica-potenza (21) dunque quella «mondanizzazione e terrestrità assoluta del pensiero» che è la filosofia della prassi: la critica di ogni residuo di speculativismo ha in Gramsci il senso determinato così di una criticità autostoricizzante che impedisce alla prassi di fissarsi nella sfera dell'economico-corporativo e le consente invece l'accesso al terreno della lotta per la libertà (22); nessun automatismo, nessuna necessità inscritta nelle cose (23), non un sistema conchiuso la filosofia della prassi (24), ma una indicazione metodologica per muoversi sul piano del cambiamento (25), per impostare i problemi della società in una salda aderenza al "reale", alla "storia". Da questa visione storicistica nasce la riflessione pedagogica gramsciana.

## 2. Educazione

L'elemento fondamentale che distingue il pensiero di Gramsci intorno al problema pedagogico è il costante rilievo che l'azione educativa non può circoscriversi a un settore o ad alcuni settori della società, come la famiglia o la scuola, ma all'insieme delle forze operanti nella società stessa.

Il rapporto pedagogico – scrive Gramsci – esiste in tutta la società nel suo complesso e per ogni individuo rispetto ad altri individui, tra ceti intellettuali e non intellettuali, tra governanti e governati, tra *élites* e seguaci, tra dirigenti e diretti, tra avanguardie e corpi di esercito. Ogni rapporto di "egemonia" – aggiunge – è necessariamente un rapporto pedagogico e si verifica non solo all'interno di una nazione, tra le diverse forze che la compongono, ma nell'intero campo internazionale e mondiale, tra complessi di civiltà nazionali e continentali. Perciò – conclude Gramsci – si può dire che la personalità storica di un filosofo individuale è data *anche* (sottolineatura nostra) dal rapporto attivo tra lui e l'ambiente culturale che egli vuole modificare, ambiente che reagisce sul filosofo e costringendolo a una continua autocritica, funziona da "maestro" (26).

Fatte queste premesse, Gramsci, recando qualche esemplificazione sulla interazione filosofo-società, può definire l'unità attiva di scienza e vita come un rapporto pedagogico (maestro-scolaro, filosofo-ambiente culturale in cui operare,da cui trarre i problemi necessari da impostare e risolvere): «Una delle maggiori rivendicazioni dei moderni ceti intellettuali nel campo politico è stata quella delle così dette "libertà di pensiero e di espressione del pensiero (stampa e associazione)", perché solo dove esiste questa condizione politica si realizza il rapporto di maestro-discepolo nei sensi più generali su ricordati e in realtà si realizza "storicamente" un nuovo tipo di filosofo che si può chiamare "filosofo democratico", cioè del filosofo convinto che la sua personalità non si limita al proprio individuo fisico, ma è un rapporto sociale attivo di modificazione dell'ambiente culturale.

Quando il "pensatore" si accontenta del pensiero proprio, "soggettivamente" libero, cioè astrattamente libero, dà oggi luogo alla beffa: l'unità di scienza e vita è appunto una unità attiva, in cui solo si realizza la libertà di pensiero, è un rapporto maestro-scolaro, filosofo-ambiente culturale in cui operare, da cui trarre i problemi necessari da impostare e risolvere, e cioè è il rapporto filosofia-storia» (27).

La filosofia di un'epoca storica – osserva Gramsci – non è altro che la "storia" di quella stessa epoca, su cui hanno inciso varie forze (concezioni del mondo delle grandi masse, di gruppi dirigenti (o intellettuali), di filosofi), culminanti in una determinata direzione, in cui il suo culminare diventa norma d'azione collettiva, cioè diventa "storia" concreta e completa (integrale) (28).

Da qui deriva il concetto di "nuova" cultura espresso in varie occasioni da Gramsci, e sintetizzato in questo passo: «Creare una nuova cultura non significa solo fare individualmente delle scoperte "originali", significa anche e specialmente diffondere criticamente delle verità già scoperte, "socializzarle" per così dire e pertanto farle diventare base di azioni vitali, elemento di coordinamento e di ordine intellettuale e morale. Che una massa di uomini sia condotta a pensare coerentemente e in modo unitario il reale presente è fatto "filosofico" ben più importante e "originale" che non sia il ritrovamento da parte di un "genio" filosofico di una nuova verità che rimane patrimonio di piccoli gruppi intellettuali» (29).

Giudizio rincalzato dal seguente «La filosofia della prassi non tende a mantenere i "semplici" nella loro filosofia primitiva del senso comune, ma invece a condurli a una concezione superiore della vita. Se afferma l'esigenza del contatto tra intellettuali e semplici non è per limitare l'attività scientifica e per mantenere una unità al basso livello delle masse, ma appunto per costruire un blocco intellettuale-morale che renda politicamente possibile un progresso intellettuale di massa e non solo di scarsi gruppi intellettuali» (30).

Lo sviluppo del genere umano non può restringersi ad un solo elemento, dunque, ma a tutte le forze sociali – pensa Gramsci – ed è ricerca astratta cercarne la base in un concetto inizialmente "unitario" che possa contenere tutto l' "umano". Detta ricerca – si domanda Gramsci – non è un residuo "teologico" e "metafisico" in quanto l' "umano" è posto come punto di partenza?

La filosofia non può essere ridotta – prosegue Gramsci – ad una naturalistica "antropologia" cioè l'unità del genere umano non è data dalla natura "biologica" dell'uomo: le differenze dell'uomo, che contano nella storia non sono quelle biologiche (razze, conformazione del cranio, colore della pelle, ecc. e neppure l'"unità biologica" ha mai contato gran che nella storia (l'uomo è quell'animale che ha mangiato se stesso, proprio quando era più vicino allo "stato naturale", cioè quando non poteva moltiplicare "artificialmente" la produzione dei beni naturali).

Scartato il principio biologico come punto di partenza dell'unità del genere umano, Gramsci esamina la generica "facoltà di ragionare". Dice: Neanche la "facoltà di ragionare" o lo "spirito" ha creato unità e può essere riconosciuto come fatto "unitario", perché concetto solo formale, categorico. Non il "pensiero", ma ciò che realmente si pensa unisce o differenzia gli uomini (31).

Che la "natura umana" sia il "complesso dei rapporti sociali" è la risposta più soddisfacente, perché include l'idea del divenire; l'uomo diviene, si muta continuamente col mutarsi dei rapporti sociali e perché nega l' "uomo in generale": infatti i rapporti sociali sono espressi da diversi gruppi di uomini che si presuppongono, la cui unità è dialettica, non formale. L'uomo è aristocratico – osserva Gramsci – in quanto è servo della gleba ecc. Si può anche dire – continua – che la natura dell'uomo è la "storia" (e in questo senso – posto storia uguale spirito – che la natura dell'uomo è lo spirito) se appunto si dà a storia il significato di "divenire", in una "concordia discors" che non parte dall'unità, ma ha in sé le ragioni di una unità possibile: perciò la "natura umana" non può ritrovarsi in nessun uomo particolare ma in tutta la storia del genere umano (e il fatto che si adoperi la parola "genere", di carattere naturalistico ha il suo significato) mentre in ogni singolo si trovano caratteri messi in rilievo dalla contraddizione con quelli di altri (32).

Dallo studio del moto complessivo delle forze storiche Gramsci muove per precisare il significato e i compiti della sociologia, della scienza, della psicologia. «Se è vero» scrive «che l'uomo non può essere concepito se non come uomo storicamente determinato, cioè che si è sviluppato e vive in certe condizioni, in un determinato complesso sociale o insieme di rapporti sociali, si può concepire la sociologia come studio solo di queste condizioni e delle leggi che ne regolano lo sviluppo? Poiché non si può prescindere dalla volontà e dall'iniziativa degli uomini stessi, questo concetto non può non essere falso. Il problema di che cosa è la stessa "scienza" è da porre. La scienza non è essa stessa "attività politica" e pensiero politico, in quanto trasforma gli uomini, li rende diversi da quelli che erano prima? Se tutto è "politico" occorre, per non cadere in un frasario tautologico e noioso, distinguere con concetti nuovi la politica che corrisponde a quella scienza che tradizionalmente si chiama "filosofia" dalla politica che si chiama scienza politica in senso stretto. Se la scienza è "scoperta" di realtà ignorata prima, questa realtà non viene concepita come trascendente in un certo senso? E non si pensa che esiste ancora qualcosa di "ignoto" e quindi di trascendente? E il concetto di scienza come "creazione" non significa poi come "politica"? Tutto sta nel vedere se si tratta di creazione "arbitraria" o razionale, cioè "utile" agli uomini per allargare il loro concetto della vita, per rendere superiore (sviluppare) la vita stessa» (33).

Quanto alla psicologia, Gramsci, osservando che si sente molto parlare di "psicologia" come di causa efficiente di determinati fenomeni marginali, specialmente nei periodi di crisi finanziaria, si domanda: cosa significa in questo caso "psicologia"? E risponde: È una pudica foglia di fico per indicare la "politica", cioè una determinata situazione politica.

Gramsci esamina, quindi, i fenomeni cui si dà il nome di "psicologia", riconducendoli ai fondamentali rapporti politici di una società, al complesso delle forze in giuoco, contro cui non vale tanto l' "educazione" privata, ma i concreti interessi degli uomini, delle classi. Scrive Gramsci: «Poiché di solito per "politica" s'intende l'azione delle frazioni parlamentari, dei partiti, dei giornali e, in generale, ogni azione che si esplica secondo una direttiva palese e predeterminata, si dà il nome di "psicologia" ai fenomeni elementari di massa, non predeterminati, non organizzati, non diretti palesemente, i quali manifestano una frattura sociale tra governati e governanti. Attraverso queste "pressioni psicologiche" i governati esprimono la loro sfiducia nei dirigenti e domandano che siano mutate le persone e gli indirizzi dell'attività finanziaria e quindi economica.

I risparmiatori non investono risparmi e disinvestono da determinate attività che appaiono particolarmente rischiose, ecc.; si accontentano di interessi minimi e anche di interessi zero; qualche volta preferiscono perdere addirittura una parte del capitale per mettere al sicuro il resto.

Può bastare l' "educazione" per evitare queste crisi di sfiducia generica? Esse sono sintomatiche appunto perché "generiche", e contro la "genericità" è difficile educare una nuova fiducia. Il succedersi frequente di tali crisi psicologiche indica che un organismo è malato, cioè che l'insieme sociale non è più in grado di esprimere dirigenti capaci. Si tratta dunque di crisi politiche e anzi politico-sociali del raggruppamento dirigente» (34). L'analisi di fattori "psicologici" di massa, condotta da Gramsci conduce alla radice profonda di essi, che è di natura politica, e comporta cambiamenti concreti di rapporti sociali e non astratti interventi "educativi".

Pertanto Gramsci critica ogni fatalismo, compreso quello proveniente da zone che si proclamano marxistiche, e non lascia occasione per rimarcare l'efficacia della volontà umana.

L' "educazione" dell'uomo è un fatto "politico"; è una attività che non può astrarre dagli altri, dall'esterno. L'uomo realizza se stesso – dice Gramsci – nel rapporto sociale e crea la propria personalità nei seguenti modi: 1) dando un indirizzo determinato e concreto ("razionale") al proprio impulso vitale o volontà; 2) identificando i mezzi che rendono tale volontà concreta e determinata e non arbitraria; 3) contribuendo a modificare l'insieme delle condizioni concrete che realizzano questa volontà nella misura dei propri limiti di potenza e nella forma più fruttuosa. A questo punto, Gramsci precisa: «L'uomo è da concepire come un blocco storico di elementi puramente individuali e soggettivi e di elementi di massa e oggettivi o materiali coi quali l'individuo è in rapporto attivo. Trasformare il mondo esterno, i rapporti generali, significa potenziare se stesso, sviluppare se stesso. Che il "miglioramento" etico sia puramente individuale è illusione ed errore: la sintesi degli elementi costitutivi dell'individualità è "individuale", ma essa non si realizza e sviluppa senza un'attività verso l'esterno, modificatrice dei rapporti esterni, da quelli verso la natura a quelli verso gli altri uomini in vari gradi, nelle diverse cerchie sociali in cui si vive, fino al rapporto massimo, che abbraccia tutto il genere umano. Perciò si può dire che l'uomo è essenzialmente "politico", poiché l'attività per trasformare e dirigere coscientemente gli altri uomini realizza la sua "umanità", la sua "natura umana"» (35).

Ma l'insieme dei rapporti sociali essendo contraddittorio non può non essere contraddittoria la coscienza degli uomini: come si manifesta tale contraddizione e come può essere progressivamente ottenuta l'unificazione? Si manifesta – dice Gramsci – nell'intiero corpo sociale, con l'esistenza di coscienze storiche di gruppo (con l'esistenza di stratificazioni corrispondenti a diverse fasi dello sviluppo storico della civiltà e con antitesi nei gruppi che corrispondono a uno stesso livello storico) e si manifesta negli individui singoli come riflesso di una tale disgregazione "verticale e orizzontale".

Come ognuno dovrebbe scegliere e combinare gli elementi per la costituzione di una tale coscienza autonoma? Ogni elemento "imposto" sarà da ripudiare a *priori*? Sarà da ripudiare come imposto, ma non in se stesso, cioè occorrerà dargli una nuova forma che sia propria del gruppo dato. Che l'istruzione sia obbligatoria non significa, infatti, che sia da ripudiare e neppure che non possa essere giustificata, con nuovi argomenti, una nuova forma di obbligatorietà: occorre fare "libertà" di ciò che è "necessario", ma perciò riferirsi ai rapporti tecnici di produzione, a un determinato tipo di civiltà economica che per essere sviluppato domanda un determinato modo di vivere, determinate regole di condotta, un certo costume. Occorre persuadersi che non solo è "oggettivo" e necessario un certo attrezzo, ma anche un certo modo di comportarsi, una certa educazione, un certo modo di convivenza ecc.; in questa oggettività e necessità storica (che peraltro non è ovvia, ma ha bisogno di chi la riconosca criticamente e se ne faccia sostenitore in modo completo e quasi "capillare") si può basare l' "universalità" del principio morale; anzi, non è mai esistita altra universalità che questa oggettiva necessità della tecnica civile, anche se interpretata con ideologie trascendenti o trascendentali e presentata volta per volta nel modo più efficace storicamente perché si raggiungesse lo scopo voluto (36).

La concezione su esposta pare condurre a una forma di relativismo e quindi di scetticismo morale, dice Gramsci, osservando che altrettanto si può dire di tutte le concezioni fin qui elaborate dalla filosofia.

L'argomento del pericolo di relativismo e scetticismo non è valido. Il problema da porre è un altro: questa data concezione morale ha in sé i caratteri di una certa durata? Oppure è mutevole ogni giorno o dà luogo, nello stesso gruppo, alla formazione della teoria della doppia volontà?

Inoltre – aggiunge Gramsci –: sulla sua base può costituirsi una *élite* che guidi le moltitudini, le educhi e sia capace di essere "esemplare"? Risolti questi punti affermativamente, la concezione è giustificata e valida. Ma ci sarà un periodo di rilassatezza, anzi di libertinaggio e di dissolvimento morale. Ciò è tutt'altro che escluso, ma non è neppure esso argomento valido – conclude Gramsci. Periodi di dissoluzione morale si sono spesso verificati nella storia, e hanno avuto origine da cause reali e concrete, e non dalle concezioni morali: essi molto spesso indicano che una concezione è invecchiata, si è disgregata, è diventata pura ipocrisia formalistica, ma tenta di mantenersi coercitivamente, costringendo la società a una vita doppia; all'ipocrisia e alla doppiezza appunto reagiscono in forme esagerate i periodi di libertinaggio e di dissolvimento che annunziano quasi sempre che una nuova concezione si va formando. Il pericolo di non vivacità morale è invece rappresentato dalla teoria fatalistica di quei gruppi che condividono la concezione della "naturalità" secondo la "natura" dei bruti e per cui tutto è giustificato dall'ambiente sociale. Ogni senso di responsabilità individuale si viene così a ottundere e ogni responsabilità singola è annegata in una astratta e irreperibile responsabilità sociale. Se questo concetto fosse vero – conclude Gramsci – il mondo e la storia sarebbero sempre immobili.

La storia, invece, è una continua lotta di individui e di gruppi per cambiare ciò che esiste in ogni momento dato, ma perché la lotta sia efficiente questi individui e gruppi dovranno sentirsi superiori all'esistente, educatori della società. L'ambiente quindi, non giustifica, ma spiega il comportamento degli individui, e specialmente di quelli storicamente più passivi. La spiegazione servirà ad essere più indulgenti verso i singoli e darà materiale per l'educazione, ma non deve mai diventare "giustificazione" senza condurre necessariamente a una delle forme più ipocrite e rivoltanti di conservatorismo e di "retrivismo". Chi dovrà – si domanda qui Gramsci – decidere che una determinata condotta morale è la più conforme a un determinato stadio di sviluppo delle forze produttive; e risponde: certo non si può parlare di creare un "papa" speciale o un ufficio competente. Le forze dirigenti nasceranno per il fatto stesso che il modo di pensare sarà indirizzato in questo senso realistico e nasceranno dallo stesso urto dei pareri discordi senza "convenzionalità" e "artificio", ma "naturalmente" (37).

L'edificio della libertà è fondato – secondo Gramsci – sulla "necessità" oggettiva e universale; risulta dalla lotta tra istinto individuale e socialità e richiede disciplina. Si blatera tanto – dice Gramsci – contro la coercizione sociale, ma essa è sempre esistita: bisogna vedere se si tratta di razionalismo autentico, di reale funzionalità, o atto d'arbitrio. La coercizione è tale solo per chi non l'accetta, non per chi l'accetta, se la coercizione si sviluppa secondo lo sviluppo delle forze sociali, non è coercizione, ma "rivelazione" di verità culturale, ottenuta con un metodo accelerato. Si può dire della coercizione – dice ancora Gramsci – ciò che i religiosi dicono della determinazione divina: per i "volenti" essa non è determinazione, ma libera volontà (38).

A questo punto, di grande interesse è quanto Gramsci scrive intorno alla "spontaneità", che da Rousseau fu vigorosamente reclamata per reagire alla scuola e ai metodi pedagogici dei gesuiti, ma ha dato luogo, in seguito – osserva Gramsci – a curiose involuzioni come quella che fa pensare immaginosamente che nel bambino il cervello sia come un gomitolo che il maestro aiuta a sgomitolare. In realtà – scrive Gramsci – ogni generazione educa la nuova generazione, cioè la forma e l'educazione è una lotta contro gli istinti legati alle funzioni biologiche elementari, una lotta contro la natura, per dominarla e creare l'uomo "attuale" alla sua epoca.

Non si tiene conto che il bambino, da quando comincia a "vedere e a toccare", forse da pochi giorni dopo la nascita, accumula sensazioni e immagini, che si moltiplicano e diventano complesse con l'apprendimento del linguaggio. La "spontaneità", se analizzata, diventa sempre più problematica.

Inoltre la "scuola" cioè l'attività educativa diretta, è solo una frazione della vita dell'alunno, che entra in contatto sia con la società umana sia con la *societas rerum* e si forma criteri da queste fonti "extrascolastiche" molto più importanti di quanto comunemente si creda (39). La disciplina non annulla la personalità e la libertà – insiste a dire Gramsci – è necessità razionalizzata. In una lettera dal carcere, indirizzata alla moglie, egli, con sorridente ironia parla delle incongrue conseguenze che potrebbero nascere da una incontrollata libertà concessa al figlio Delio.

Scrive: «Ho ricevuto le due fotografie e il manoscritto di Delio. Non ne ho proprio capito nulla e mi pare inesplicabile che egli incominci a scrivere dalla destra alla sinistra e non dalla sinistra alla destra; sono contento che scriva con la mani, è già qualche cosa. Se gli fosse saltato in testa di incominciare a scrivere coi piedi sarebbe stato molto peggio, certamente (...). Una cosa sola mi colpisce, che ci sia stata troppa poca logica nel sistema. Perché da bambino più piccolo, averlo costretto ad abituarsi a vestire come gli altri? Perché non avere lasciato libera la sua personalità anche nel modo di abbigliarsi e averlo tirato su secondo un conformismo meccanico? Sarebbe stato meglio lasciargli intorno gli oggetti d'uso e poi aspettare che egli scegliesse spontaneamente: i calzoncini in testa, le scarpe nelle mani, i guanti nei piedi, ecc.; o meglio ancora bisognava mettergli vicino abiti da maschietto e da femminuccia e lasciargli libertà di scelta. Non ti pare?» (40).

Da queste premesse, scaturite da realismo filosofico e pedagogico, Gramsci ricava una serie di indicazioni didattiche sulle quali va posta tutta l'attenzione possibile, per l'utilità che può derivarne nel momento culturale odierno.

### *Didattica*

Giudizio fondamentale di Gramsci, in coerenza con lo svolgimento di tutto il suo pensiero, è che la scuola, realizzando una economia di esperienze e di fatiche, accelera l'evoluzione spontanea del fanciullo e ne organizza le forze intellettuali (41).

Gramsci propugna una scuola unica iniziale di cultura generale, umanistica, formativa, che contemperi giustamente lo sviluppo della capacità di lavorare manualmente (tecnicamente, industrialmente) e lo sviluppo delle capacità del lavoro intellettuale, una scuola unitaria o di formazione umanistica (inteso questo termine di umanesimo in senso largo e non solo nel senso tradizionale) o di cultura generale, organizzata col fine di immettere nell'attività sociale i giovani dopo averli portati a un certo grado di maturità e capacità, alla creazione intellettuale e pratica e di autonomia nell'orientamento e nella iniziativa.

Detta scuola unitaria dovrebbe corrispondere al periodo rappresentato oggi dalle elementari e dalle medie, riorganizzate non solo per il contenuto e il metodo di insegnamento, ma anche per la disposizione dei vari gradi della carriera scolastica. Il primo grado elementare non dovrebbe essere di più che tre-quattro anni e accanto all'insegnamento delle prime nozioni "strumentali" della istruzione – leggere, scrivere, far di conto, geografia, storia – dovrebbe specialmente svolgere la parte che non solo ai tempi di Gramsci era trascurata, dei "diritti e doveri", cioè le prime nozioni dello Stato e della Società, ma anche oggi che è stata introdotta ufficialmente nei programmi governativi.

Il problema didattico da risolvere – avverte Gramsci – è quello di temperare e fecondare l'indirizzo dogmatico che non può non essere proprio di questi primi anni.

Il resto del corso – continua Gramsci – non dovrebbe durare più di sei anni, in modo che a quindici-sedici anni si dovrebbe poter compiere tutti i gradi della scuola unitaria.

Gramsci, muovendo dalla constatazione delle differenze di cultura dovute o al ceto cui si appartiene, o all'ambiente in cui si vive, propone che parallelamente alla scuola unitaria si sviluppi una rete di asili d'infanzia e altre istituzioni dove, anche prima dell'età scolastica, i bambini siano abituati a una certa disciplina collettiva ed acquistino nozioni ed attitudini prescolastiche.

La fase ultima (rappresentata dalle attuali scuole medie superiori) deve essere concepita e organata – dice Gramsci – come la fase decisiva in cui si tende a creare i valori fondamentali dell' "umanesimo", l'autodisciplina intellettuale e l'autonomia morale necessarie per l'ulteriore specializzazione sia essa di carattere scientifico (studi universitari) sia di carattere immediatamente pratico-produttivo (industria, burocrazia, organizzazione degli scambi, ecc.). Lo studio e l'apprendimento dei metodi creativi nella scienza e nella vita deve cominciare in questa ultima fase della scuola e non essere più un monopolio dell'università o essere lasciato al caso della vita pratica: questa fase scolastica deve già contribuire a sviluppare l'elemento della responsabilità autonoma negli individui, essere una scuola creativa.

Occorre distinguere – osserva a questo punto, Gramsci – tra scuola creativa e scuola attiva, anche nella forma data dal metodo Dalton.

La scuola creativa è il coronamento della scuola attiva; nella prima fase si tende a disciplinare, quindi anche a livellare, a ottenere una certa specie di "conformismo", che si può chiamare "dinamico"; nella fase creativa, sul fondamento raggiunto di "collettivizzazione" del tipo sociale, si tende a espandere la personalità, divenuta autonoma e responsabile, ma con una coscienza morale e sociale solida e omogenea. Così scuola creativa non significa scuola di "inventori e scopritori"; essa indica – avverte Gramsci – una fase e un metodo di ricerca e di conoscenza, e non un "programma" predeterminato con l'obbligo dell'originalità e dell'innovazione a tutti i costi. Indica che l'apprendimento avviene specialmente per un sforzo spontaneo e autonomo del discente, e in cui il maestro esercita solo una funzione di guida amichevole come avviene o dovrebbe avvenire nell'università. Gramsci propone che in questa fase l'attività scolastica fondamentale si svolga nei seminari, nelle biblioteche, nei laboratori sperimentali, cose che – osserviamo noi – anche oggi, dopo tante riforme, non è stata realizzata (42).

Un capitolo di storia e teoria della didattica, pregnante di stimoli anche nella situazione attuale, presenta Gramsci, analizzando la riforma Gentile.

Nelle scuole elementari due elementi si prestavano all'educazione e alla formazione dei bambini: le prime nozioni di scienze naturali e le nozioni di diritti e doveri del cittadino. Le nozioni scientifiche dovevano servire a introdurre il bambino nella *societas rerum*, i diritti e doveri nella vita statale e nella società civile. Le prime entravano in lotta con la concezione magica del mondo e della natura che il bambino assorbe dall'ambiente impregnato di folclore, le seconde entravano in lotta con le tendenze alla barbarie individualistica e localistica, che è anch'essa un aspetto del folclore. Con le prime si diffondeva una concezione più moderna grazie all'apprendimento dell'esistenza delle leggi della natura come qualcosa di oggettivo e di ribelle a cui occorre adattarsi per dominarle; con le seconde l'apprendimento delle leggi civili e statali che sono un prodotto di un'attività umana, che sono stabilite dall'uomo e possono essere dall'uomo mutate per i fini del suo sviluppo collettivo. La legge civile e statale – osserva Gramsci – ordina gli uomini nel modo storicamente più conforme a dominare le leggi della natura, cioè a facilitare il loro lavoro, che è il modo proprio dell'uomo di partecipare attivamente alla vita della natura per trasformarla e socializzarla sempre più profondamente ed estesamente.

Si può dire perciò – conclude Gramsci – che il principio educativo che fondava le scuole elementari era il concetto di lavoro, che non può realizzarsi in tutta la sua potenza di espansione e di produttività senza una conoscenza esatta e realistica delle leggi naturali e senza un ordine legale che regoli organicamente la vita degli uomini tra di loro, ordine che deve essere rispettato per convenzione spontanea e non solo per imposizione esterna, per necessità riconosciuta e proposta a sé stessi come libertà e non per mera coercizione. Gramsci lega sul fondamento del lavoro ordine sociale e ordine naturale; e vede in questo equilibrio l'avvio allo sviluppo ulteriore di una concezione storica, dialettica, del mondo, a comprendere il movimento e il divenire, a valutare la somma di sforzi e di sacrifici che è costato il presente al passato e che l'avvenire costa al presente, a concepire l'attualità come sintesi del passato, di tutte le generazioni passate, che si proietta nel futuro (43).

Che questo fondamento della scuola elementare non abbia dato tutti i suoi frutti, è una questione che riguarda la non consapevolezza, nel corpo degli insegnanti, del loro compito e del contenuto filosofico del loro compito, che Gramsci connette alla critica del grado di coscienza civile di tutta la nazione, di cui il corpo magistrale era solo un'espressione immeschinita ancora, e non certo alla avanguardia (44).

La lotta contro la vecchia scuola era giusta, – rivela Gramsci – ma la riforma non era cosa così semplice come pareva, non si trattava di schemi programmatici, ma di uomini, e non degli uomini che immediatamente sono maestri, ma di tutto il complesso sociale di cui gli uomini sono espressione.

L'efficacia educativa della vecchia scuola media italiana, quale l'aveva organizzata la vecchia legge Casati, non era da ricercare (o da negare) nella volontà espressa di essere o no scuola educativa, ma nel fatto che il suo organamento e i suoi programmi erano l'espressione di un modo tradizionale di vita intellettuale e morale, di un clima culturale diffuso in tutta la società italiana per antichissima tradizione. Quindi, per Gramsci, criticare i programmi e l'organamento disciplinare della scuola, vuol dire meno che niente, se non si tiene conto di tali condizioni. I nuovi programmi (della riforma Gentile), quanto più affermano e teorizzano l'attività del discente e la sua collaborazione operosa col lavoro del docente, tanto più sono disposti come se il discente fosse una mera passività,

Il confronto tra la vecchia scuola e la nuova della riforma Gentile viene condotto da Gramsci con acutezza, equilibrio e senso storico e contiene delle verità che vanno al di là della situazione del momento, spingendosi ad una attualità pregnante anche per la nostra problematica odierna.

Gramsci vede lo studio grammaticale della lingua latina e greca, nella vecchia scuola, unita allo studio delle letterature e storie politiche rispettive, un principio educativo «in quanto l'ideale umanistico, che si impersona in Atene e Roma, era diffuso in tutta la società, era un elemento essenziale della vita e della cultura nazionale» (45). Anche la meccanicità dello studio grammaticale – annota Gramsci – era avvivata dalla prospettiva culturale. Le singole nozioni non venivano apprese per uno scopo immediato pratico-professionale; esso appariva disinteressato «perché l'interesse era lo sviluppo interiore della personalità, la formazione del carattere attraverso l'assorbimento e l'assimilazione di tutto il passato culturale della moderna civiltà europea. Non si imparava il latino e il greco per parlarli, per fare i camerieri, gli interpreti, i corrispondenti commerciali. Si imparava per conoscere direttamente la civiltà dei due popoli, presupposto necessario della civiltà moderna, cioè per essere se stessi e conoscere se stessi consapevolmente» (46).

Quanto alla meccanicità dello studio grammaticale, Gramsci rileva che «c'è molta ingiustizia e improprietà nell'accusa di meccanicità e di aridità» (47).

Si ha che fare con ragazzetti – rileva Gramsci con acuto senso didattico e insieme pedagogico – ai quali «occorre far contrarre certe abitudini, di diligenza, di esattezza, di compostezza anche fisica, di concentrazione psichica su determinati soggetti, che non si possono acquistare senza una ripetizione meccanica di atti disciplinati e metodici» (48).

Si studia il latino, analizzandolo fin nei suoi membretti più elementari, come lingua morta che rivive continuamente negli esempi, nelle narrazioni, dove la vita dei romani è un mito che, in una certa misura, ha già interessato il fanciullo e lo interessa, sicché nel morto è sempre presente un più grande vivente (49).

Lo studio del latino significa educativamente il continuo paragone tra il latino e la lingua che si parla, significa «la distinzione e l'identificazione delle parole, e dei concetti, tutta la logica formale, con le contraddizioni degli opposti e l'analisi dei distinti, col movimento storico dell'insieme linguistico, che si modifica nel tempo, che ha un divenire e non è solo una staticità» (50).

Si paragona continuamente il latino e l'italiano: ma ogni parola è un concetto, una immagine, che assume sfumature diverse nei tempi, nelle persone, in ognuna delle due lingue comparate. Si studia la storia letteraria dei libri scritti in quella lingua, la storia politica, le gesta degli uomini che hanno parlato quella lingua. Da tutto questo complesso organico è determinata l'educazione del giovinetto, dal fatto che anche materialmente ha percorso tutto quell'itinerario, con quelle tappe, ecc. «Si è tuffato nella storia, ha acquistato una intuizione storicistica del mondo e della vita» (51).

Questo studio – conclude Gramsci – educava senza averne la volontà espressamente dichiarata, col minimo intervento "educativo" dell'insegnamento: educava perché istruiva.

Esperienze logiche, artistiche, psicologiche erano fatte senza "rifletterci su", senza guardarsi continuamente allo specchio; ed era fatta specialmente «una grande esperienza "sintetica", filosofica di sviluppo storico-reale» (52).

Gramsci non ritiene, d'altronde che, il latino e il greco, come tali, abbiano qualità taumaturgiche nel campo educativo. Pensa che è tutta la tradizione culturale che vive anche e specialmente fuori della scuola, che in un dato ambiente, produce tali conseguenze. Giudica con senso storico e realistico. Bisognerà sostituire il latino e il greco – dice – come fulcro della scuola formativa e lo si sostituirà, ma avverte che «non sarà agevole disporre la nuova materia o la nuova serie di materie in un ordine didattico che dia risultati equivalenti di educazione e formazione generale della personalità, partendo dal fanciullo fino alla soglia della scelta professionale.

In questo periodo infatti lo studio o la parte maggiore dello studio deve essere o (apparire ai discenti) disinteressato, non avere cioè scopi pratici immediati o troppo immediati, deve essere formativo, anche se "istruttivo", cioè ricco di nozioni concrete» (53).

Continuando l'analisi della vecchia scuola e di quella nuova, Gramsci osserva che nell'insegnamento della filosofia il nuovo corso pedagogico impoverisce l'insegnamento, e ne abbassa il livello, praticamente, nonostante che razionalmente sembri bellissimo, di un bellissimo utopistico. La filosofia descrittiva tradizionale, rafforzata da un corso di storia della filosofia e dalla lettura di un certo numero di filosofi, a Gramsci sembra la miglior cosa. Dice, in proposito, che la filosofia descrittiva e definitrice sarà un'astrazione dogmatica, come la grammatica e la matematica, ma è una necessità pedagogica e didattica. 1=1 è un'astrazione, – scrive – ma nessuno è perciò condotto a pensare che 1 mosca è uguale a 1 elefante.

Anche le regole della logica formale sono astrazioni dello stesso genere, sono come la grammatica del pensare normale eppure occorre studiarle, «perché non sono qualcosa di innato, ma devono essere acquisite col lavoro e colla riflessione» (54).

Il nuovo corso presuppone che la logica formale sia qualcosa che già si possiede quando si pensa, ma non spiega – osserva Gramsci – come la si debba acquisire, sì che praticamente è come se la supponesse innata. La logica formale è come la grammatica: viene assimilata in modo "vivente" anche se l'apprendimento necessariamente sia stato schematico e astratto, poiché il discente non è un disco di grammofono, non è un recipiente passivamente meccanico. Il rapporto di questi schemi educativi con lo spirito infantile è sempre attivo e creativo, come attivo e creativo è il rapporto tra l'operaio e i suoi utensili di lavoro; un calibro è un insieme di astrazioni, anch'esso, eppure si producono oggetti reali senza la calibratura, oggetti reali che sono rapporti sociali e contengono implicite delle idee (55).

Parlando poi della fatica del fanciullo, per questo studio, fatica da ridurre all'indispensabile, Gramsci ammonisce – ed il monito è quanto mai opportuno ai nostri giorni, nei quali il lassismo ha avuto tanta presa – che «occorre persuadere molta gente che anche lo studio è un mestiere, è molto faticoso, con un suo speciale tirocinio, oltre che intellettuale, anche muscolare-nervoso: è un processo di adattamento, è un abito acquisito con lo sforzo, la noia e anche la sofferenza. La partecipazione di più larghe masse alla scuola media porta con sé la tendenza a rallentare la disciplina dello studio, a domandare facilitazioni» (56).

Gramsci non si esime dal chiarire i fattori che incidono nella questione, soprattutto le difficoltà maggiori che incontrano nella scuola coloro che provengono dai ceti operai e contadini; e prevede ciò a cui noi abbiamo assistito ed assistiamo. Scrive, infatti, con sorprendente chiaroveggenza e coraggio: «In una nuova situazione, queste questioni possono diventare asprissime e occorrerà resistere alla tendenza di rendere facile ciò che non può esserlo senza essere snaturato. Se si vorrà creare un nuovo strato di intellettuali, fino alle più grandi specializzazioni, da un gruppo sociale che tradizionalmente non ha sviluppato le attitudini conformi, si avranno da superare difficoltà inaudite» (57).

* * *

Discutendo di grammatica, Gramsci distingue una grammatica "immanente" nel linguaggio, per cui uno parla "secondo grammatica" senza saperlo; anche se non scritta, costituita dal controllo reciproco, dall'insegnamento reciproco, dalla "censura" reciproca, che si manifestano con le domande: "Cosa hai inteso?" "Vuoi dire?", "Spiegati meglio", ecc., con la caricatura e la presa in giro, ecc. Tutto questo complesso di azioni e reazioni confluiscono a determinare un conformismo grammaticale, cioè a stabilire "norme" e giudizi di correttezza o di scorrettezza, ecc.

Questo manifestarsi "spontaneo" di un conformismo grammaticale è necessariamente sconnesso, discontinuo, limitato a strati sociali locali o a centri locali.

Il numero delle "grammatiche spontanee" o "immanenti" è incalcolabile, e teoricamente si può dire che ognuno ha una grammatica, per cui si presenta la utilità, anzi la necessità delle "grammatiche normative" scritte che tendono ad abbracciare tutto un territorio nazionale unitario, che d'altronde pone in un piano più alto l' "individualismo" espressivo, perché crea uno scheletro più robusto e omogeneo all'organismo linguistico nazionale, di cui ogni individuo è il riflesso e l'interprete.

La grammatica normativa scritta presuppone quindi sempre una scelta, un indirizzo culturale, è cioè sempre un atto di politica culturale-nazionale. C'è da discutere sul modo migliore – avverte Gramsci – per farla accettare volentieri, cioè potrà discutersi dei mezzi più opportuni per ottenere il fine; non può esserci dubbio che ci sia un fine da raggiungere, che ha bisogno di mezzi idonei e conformi, cioè che si tratti di un atto politico che può sollevare una collaborazione di fatto, opposizioni nei particolari, ma non dovrebbe sollevare una opposizione di principio, se si parte dal presupposto di centralizzare ciò che esiste già allo stato diffuso, disseminato, ma inorganico e incoerente.

Considerando, d'altronde che il processo di formazione, di diffusione e di sviluppo di una lingua nazionale unitaria avviene attraverso tutto un complesso di processi molecolari, è utile – sostiene Gramsci – avere consapevolezza di tutto il processo nel suo complesso, per essere in grado di intervenire attivamente in esso col massimo dei risultati. Questo intervento non bisogna considerarlo come "decisivo" e immaginare che i fini proposti saranno tutti raggiunti: si otterrà una lingua unitaria, se essa è una necessità, e l'intervento organizzato accelererà i tempi del processo già esistente: in ogni caso, se l'intervento è "razionale" questa lingua unitaria sarà organicamente legata alla tradizione.

Ogni volta – osserva, poi, Gramsci con acuto senso storico – che affiora, in un modo o nell'altro, la questione della lingua, significa che si sta imponento una serie di altri problemi: la formazione e l'allargamento delle classe dirigente, la necessità di stabilire rapporti più intimi e sicuri tra i gruppi dirigenti e la massa popolare-nazionale (58).

* * *

Quanto alla scienza, Gramsci sostiene che anche essa è una categoria storica, è movimento in continuo sviluppo; essa, se fosse definitiva, avrebbe cessato si esistere come tale, come ricerca, come nuovi esperimenti e la sua attività si ridurrebbe a una divulgazione del già scoperto. La scienza non pone nessuna forma di "inconoscibile" metafisico, ma riduce ciò che l'uomo non conosce a una empirica "non conoscenza" che non esclude la conoscibilità, ma la condiziona allo sviluppo degli strumenti fisici e allo sviluppo dell'intelligenza storica dei singoli scienziati. Se è così – conclude su quest'argomento Gramsci – ciò che interessa la scienza non è tanto l'oggettività del reale, ma l'uomo che elabora i suoi metodi di ricerca, che rettifica continuamente i suoi strumenti materiali che rafforzano gli organi sensori e gli strumenti logici (incluse le matematiche) di discriminazione e di accertamento, cioè la cultura, cioè la concezione del mondo, cioè il rapporto tra l'uomo e la realtà con la mediazione della tecnologia.

Contro la infatuazione per le scienze alla quale si accompagna la grande ignoranza dei fatti e dei metodi scientifici, Gramsci oppone il pericolo di una superstiziosa fede astratta nella forza taumaturgica che porta ad isterilire le basi di questa stessa forza, e a distruggere ogni amore al lavoro concreto e necessario. Contro questo pericolo bisogna combattere con vari mezzi, soprattutto cominciando a conoscere meglio le nozioni scientifiche essenziali, per valutare realisticamente ciò che di concreto la scienza offre (59).

Anche nelle sue riflessioni sulla scienza Gramsci porta, con rigore e coerenza, contributi pedagogici e didattici di notevole interesse tra cui, più rilevante, la costante preoccupazione dell'effettivo, globale miglioramento dell'uomo e il rilievo della importanza fondamentale che in ogni settore della vita assume l'intervento attivo dell'uomo, la forza della sua volontà.

Lo stesso problema della "prevedibilità" è da Gramsci legato all'intervento della volontà umana. Scrive, in proposito: «Realmente si "prevede" nella misura in cui si opera, in cui si applica uno sforzo volontario e quindi si contribuisce concretamente a creare il risultato "preveduto". La previsione si rivela quindi non come un atto scientifico di conoscenza; ma come l'espressione astratta dello sforzo che si fa, il modo pratico di creare una volontà collettiva.

E come potrebbe la previsione essere un atto di conoscenza? Si conosce ciò che è stato o è, non ciò che sarà, che è un "non esistente" e quindi inconoscibile per definizione». «È necessario – prosegue Gramsci – impostare esattamente il problema della prevedibilità degli accadimenti storici per essere in grado di criticare esaurientemente la concezione del causalismo meccanico, per svuotarla di ogni prestigio scientifico e ridurla a puro mito che fu forse utile nel passato, in un periodo arretrato di sviluppo di certi gruppi sociali subalterni» (60).

Anche nel concetto di "storia" Gramsci apporta la sua concezione volontaristica della vita che predica la comune affermazione storica come "maestra della vita" e da Gramsci interpretata nel senso che, essendo la produzione degli avvenimenti reali il risultato di un concorrere contraddittorio di forze, «occorre cercare di essere la forza determinante», che è tale non solo per il fatto di essere la forza quantitativamente prevalente, ma per il fatto di essere quella qualitativamente prevalente, e questo – sottolinea Gramsci – può aversi se si ha spirito d'iniziativa, se si coglie il «momento buono», se si mantiene «uno stato continuo di tensione alla volontà», in modo da essere in grado di scattare in ogni momento scelto. Noi – continua Gramsci – siamo sempre sulla difensiva contro il "caso", cioè il concorrere imprevedibile di forze contrastanti che non possono sempre essere identificate tutte (e una sola trascurata impedisce di prevedere la combinazione effettiva delle forze che dà sempre originalità agli avvenimenti) e possiamo "offenderlo", nel senso che interveniamo attivamente nella sua produzione, che, dal nostro punto di vista, lo rendiamo meno "caso" o "natura" e più effetto della nostra attività e volontà (61).

Sul valore pedagogico e didattico della volontà, sul suo primato nei confronti delle altre qualità umane Gramsci insiste costantemente e con fermezza. «Io evito sempre», scrive in una delle *Lettere dal carcere*, «di valutare chiunque fondandomi su ciò che si suole chiamare "intelligenza", "bontà naturale", "prontezza di spirito", ecc., perché so che tali valutazioni hanno ben scarsa portata e sono ingannevoli. Più di tutte queste cose mi pare importante la "forza di volontà", l'amore per la disciplina e per il lavoro, la costanza nei propositi, e in questo giudizio tengo conto, più che del bambino, di quelli che lo guidano e che hanno il dovere di fargli acquistare tali abitudini, senza mortificare la sua spontaneità» (62).

Un modo pratico di insegnare senza mortificare la spontaneità offre Gramsci, questo pensatore che dalle grandi prospettive di pensiero sa scendere alle più minute osservazioni ed applicazioni didattiche, in una lettera al figlio Julik che gli aveva mandato alcuni disegni.

In forma benevolmente scherzosa, Gramsci espone con persuasive osservazioni, senza il tono apodittico ed astratto comunemente adoperato nelle scuole, gli errori di quei disegni «... il quarto disegno è la rappresentazione di un animale straordinario; non può essere uno scarafaggio, perché troppo grande con solo quattro lunghe zampe in movimento come quelle dei grandi quadrupedi, ma non è neppure un cavallo perché non ha orecchie visibili (anche nel primo animale da te disegnato, non si vedono orecchie e così anche uno degli uomini non ha orecchie); potrebbe essere un leone addomesticato e ... trasparente; trasparente perché del cavalcatore si vedono tutt'e due le gambe. Mi piace anche il fatto che i tuoi uomini possono camminare sulla punta dei piedi nei posti più difficili, sulla cima del ramo di un albero e sulla testa degli animali (forse perciò l'animale ha perso le orecchie ...caro Julik, ti dispiace che io mi diverta sui tuoi disegni...» (63).

Un punto assai rilevante è costituito dall'importanza attribuita da Gramsci all'arte come fattore necessario dello svolgimento sociale. L'attività estetica serve, secondo Gramsci, per evitare di ridurre l'esistenza «a un puro esercizio di forze muscolari» (64). Accanto all'attività economica, pratica, e all'attività conoscitiva, che ci rende curiosi degli altri, del mondo circostante, «lo spirito ha bisogno di esercitare la sua attività estetica» (65). Gramsci dice queste cose, a proposito di teatro, di una buona attività teatrale, la cui mancanza «fa sfungare i ritrovi più o meno osceni, "dove si logora una apprezzabilissima parte di noi stessi e si pervertisce il gusto"» (66).

L'attività estetica che Gramsci propugna con tanto vigore, esclude sia la "tendenziosità", che fornisce una produzione "educativa d'intenzione", insipida e falsa, sia il formalismo, caratterizzato «dall'indifferenza del contenuto, cioè dall'indifferenza morale, ma è anche questo un "contenuto", il vuoto storico e morale dello scrittore» (67).

Gramsci si muove in questa problematica con fine senso della realtà e fermo equilibrio, distinguendo gli elementi d'autonomia delle varie attività e insieme individuandone i nessi. Forma e contenuto si identificano. Insistere sulla forma non è che un mezzo pratico per lavorare sul contenuto, «per ottenere una deflazione della retorica tradizionale che guasta ogni forma di cultura, anche quella "antiretorica", ahimè» (68). Nelle sue cronache teatrali Gramsci realizza un esemplare tipo di critica basato sulla distinzione e sul nesso "arte-vita" (69).

Per l'attenta osservazione di ogni più minuto particolare, per lo strenuo amore alla verità, che esclude ogni limitazione settaria riconoscendo gli aspetti positivi degli avversari (ed avversario può essere tutto il pensiero passato), Gramsci riesce ad intuire e legare in maniera nuova, originale, idee ed esperienze varie, a fonderle in una concezione globale (politica ed educativa) dell'uomo tendente al suo miglioramento, in senso intensivo ed estensivo (70).

*Radici pedagogiche negli scritti giovanili*

La linea pedagogica di Gramsci è costante fin dai primi suoi scritti, dagli interventi che andava facendo sui giornali, a cominciare dal 1914 (71).

Un punto fermo del pensiero di Gramsci è costituito dalla critica al positivismo. Quando il positivismo, da pura continuazione e sistemazione logica del metodo sperimentale e positivo di ricerca delle scienze, come sarebbe dovuto essere, è voluto diventare una dottrina dell'essere e della conoscenza – osserva il pensatore – si è snaturato, diventando una metafisica e una mistica (72). La teoria che nell'uomo non vede che l'esteriore esperienza, la mera fisiologica, è, per Gramsci, una teoria scientifica artificiosa, strettamente positivistica, da rifiutare (73).

Dalla concezione antimeccanica della vita deriva l'antispontaneismo di Gramsci, il suo concetto della cultura e della storia. La cultura è per Gramsci organizzazione, disciplina del proprio io interiore, è presa di possesso della propria personalità, è conquista di coscienza superiore, per la quale si riesce a comprendere il proprio valore storico, la propria funzione nella vita, i propri diritti e i propri doveri. Ma tutto ciò – osserva – non può avvenire per evoluzione spontanea per azioni e reazioni indipendenti dalla propria volontà, come avviene nella natura vegetale e animale in cui ogni singolo si seleziona e specifica i propri organi incosciamente, per legge fatale delle cose. L'uomo – conclude – è soprattutto spirito, cioè creazione storica, e non natura (74).

Da questa concezione nasce la riprovazione gramsciana dell'indifferenza: «L'indifferenza è il peso morto della storia (...). È la fatalità; è ciò su cui non si può contare; è ciò che sconvolge i programmi, che rovescia i piani meglio costruiti; è la materia bruta che si ribella all'intelligenza e la strozza (...). Ciò che avviene, non è tanto dovuto all'iniziativa dei pochi che operano, quanto all'indifferenza, all'assenteismo dei molti (...). La fatalità che sembra dominare la storia non è altro appunto che apparenza illusoria di questa indifferenza, di questo assenteismo» (75).

Coerentemente a queste concezioni Gramsci propugna una scuola basata sulla *ricerca*, sullo sforzo di conquista del sapere, sulla volontà decisa e illuminata. «Una verità è feconda solo quando si è fatto uno sforzo per conquistarla», scrive (76).

Trattando del problema scuola e lavoro, Gramsci precisa che le due attività sono di eguale dignità ed importanza, e perciò vanno svolte con serietà, applicandosi all'uno o all'altra senza superficialità. «La scuola – scrive – se è fatta seriamente non lascia tempo per l'officina, e viceversa, chi lavora sul serio solo con un grandissimo sforzo di volontà può istruirsi. Innestarle una con l'altra (...) è una delle tante aberrazioni pedagogiche che hanno impedito sempre alla scuola in Italia di essere una cosa seria» (77). E aggiunge: «a scuola vada solo chi ha l'attitudine, l'intelligenza e la volontà necessaria». Gramsci a questo punto avverte opportunamente che la scuola non sia un privilegio di chi può spendere, e conclude con l'ammonimento: «liberate la scuola dagli intrusi, dai futuri spostati, e obbligate questi a lavorare nel modo che li renda utili. Fate sì che la scuola sia veramente scuola, e l'officina non sia un ergastolo, e avrete allora solamente una generazione di uomini utili; utili, perché faranno opera proficua nelle arti liberali, e perché daranno all'officina ciò che manca: la dignità, il riconoscimento della sua funzione indispensabile, l'equiparamento dell'operaio a qualunque altro professionista» (78).

I criteri educativi di Gramsci si sviluppano su questa linea, in una salda aderenza al "reale", alla "storia", nella prospettiva del nesso necessario tra intelletto e volontà, libertà e disciplina, individuo e collettività.

## Riferimenti bibliografici

(1) Ermanno Scuderi, *Cultura e società nel pensiero di Antonio Gramsci*, Catania, Muglia, 1974, p. 27.

(2) Karel Kosik, *Gramsci e la filosofia della "praxis"*, in *Gramsci e la cultura contemporanea* II (a cura di Pietro Rossi), Roma, Editori Riuniti, 1975, p. 49.

(3) Antonio Gramsci, *Il materialismo storico e la filosofia di B. Croce*, Roma, Editori Riuniti, 1991, p. 172.

(4) Eugenio Garin, in *Gramsci e la cultura contemporanea* I, Roma, Editori Riuniti, 1975, pp. 32-33.

(5) Antonio Gramsci, *Il materialismo storico e la filosofia di Benedetto Croce*, cit. pp. 118-119.

(6) *Ibidem*, p. 120.

(7) *Ibidem*, pp. 113-114.

(8) *Ibidem*, pp. 115-116.

(9) *Ibidem*, p. 116.

(10) *Ibidem*. Su Gramsci filosofo e politico, vedansi: N. Matteucci, *Antonio Gramsci e la filosofia della prassi*, Milano, Giuffrè, 1951; G. Ferrara, *Prefazione* all'antologia *2000 pagine di Gramsci*, Milano, il Saggiatore, 1964; L. Paggi, *Gramsci e il moderno Principe*, Roma, Editori Riuniti, 1970, e *Le strategie del potere in Gramsci*, ivi 1984; G. Nardone, *Il pensiero di Gramsci*, Bari, De Donato 1971; G. Tamburrano, *Antonio Gramsci*, Milano, Sugar, 1977; N. Badaloni, *Gramsci: La filosofia della prassi come previsione*, in *Storia del marxismo*, Torino, Einaudi, v. 3, II, 1981; ed altri.

(11) Bruno Maier, Paolo Semana, *Antonio Gramsci. Introduzione e guida allo studio dell'opera gramsciana. Storia e Antologia della critica*, Firenze, Le Monnier, 1978, p. 104. Scrive Giuseppe Catalfamo: «È quella di Gramsci una interpretazione del materialismo storico in chiave decisamente storicistica e pragmatistica contro quelle che egli chiama le "incrostazioni positivistiche"» (*La filosofia contemporanea dell'educazione*, Roma, Angelo Signorelli, p. 187). Santo Mandolfo, in *Contributi alla lettura di Antonio Gramsci*, Catania, Bonanno, 1982, rileva: «Gramsci attacca i concetti centrali del materialismo volgare, del positivismo e dell'economicismo: i concetti dell'oggettività in sé, del divenire adialettico, dello scientismo, ecc., e li corregge nella prospettiva delle filosofia della prassi. L'angolo della sua prospettiva critica è la concezione dell'"omocentrismo creativista" dell'umanesimo integrale come storicismo totale facente capo alla perenne attività creativa degli uomini. Da questa prospettiva, il "mon-

do in sé", pure esistendo, assume valore solamente nella fattività (sapientemente organizzata e attuata) degli uomini storicamente determinata; e la "materia", ancorché essere trascendente, è pensata come concetto degli elementi che l'industriosità degli uomini utilizza nella sua operosità costruttiva o come le condizioni della creatività degli uomini: un concetto mei definito ma storicamente determinato in rapporto alla mobilità della storia (intesa come tutto il complesso sistema umano nel suo divenire consapevolmente prodotto dagli uomini). In questo senso l'"oggettività", nella sua doppia accezione di perseità materiale e di universalità scientifica, diventa una determinazione storica (o storico culturale), e la perennità della "verità" scientifica propugnata dagli scienziati della natura e dai loro corifei positivisti prende la medesima mobilità della progressione delle scienze, assumendo anch'essa quella storicità che la fa un momento impulsativo e transitoriamente apicale della più generale storia creativistica degli uomini» (p. 90).

(12) Eugenio Garin, cit., p. 193.

(13) *Ibidem*, p. 30. Scrive Nguyen Van Si: «La philosophie de la praxis, en Gramsci, est due à deux influences principales diverses mais convergentes: l'historicisme crocéen et le marxisme léniniste. Le rapport Gramsci – idéalisme est un rapport plutôt passif; le rapport Gramsci –léninisme est actif et personnel; le premier rapport est réceptivité d'un patrimoine culturel du passè tandis que le deuxième se forme au long des annés d'expérience et de vie; le premier se situe essentiellement sur le plan théorique, intellectuel, philosophique tandis que le deuxième exige l'engagement politique. Entre les deux rapport, il n'y a pas de contradiction mais complémentariété. L'historicisme situe la personne humaine dans les conditions réelles de son existence tandis que le marxisme la pousse à transformer ces conditions pour devenir plus complète et par suite, créer une société nouvelle hégémonique et organique» (*Conception de l'education chez. Karl Marx et Antonio Gramsci. Essai de confrontation et de critique*, Roma, Pontificium Athenaeum Antonianum, 1980, p. 73).
Sul leninismo gramsciano, vedansi i recenti pareri di: Lucio Colletti nel «Tempo» del 26.4.87; Giuseppe Bedeschi ne il «Secolo XIX» del 26.4.87; Domenico Settembrini ne «Il Resto del Carlino» del 26.4.87. Lo schema che sembra rintracciarsi è quello di un Gramsci del tutto assimilato alle logiche totalitarie, tuttavia, è da tenere presente che le sue idee sul partito e sulla società civile non vengano interpretate attraverso ciò che divenne il partito, e il marxismo, nell'epoca di Stalin (Cfr. Felice Cimatti, in «Riforma della Scuola», giugno-luglio 1987, pp. 73-74).

(14) Giuseppe Galasso, *Gramsci e i problemi della storia italiana*, in *Gramsci e la cultura contemporanea* I, cit., pp. 334-335.

(15) Vincenzo Orsomarso, *Ricerca e insegnamento della storia*, in «Scuola e Città», settembre 1992, p. 404.
Alessandro Natta vede nella "filosofia dello spirito" del Croce «un disegno di egemonia culturale in cui vi è un'altissima lezione anti-corporativa per il pensiero liberal-democratico», perciò Gramsci ha assunto il Croce come interlocutore poiché con più ricchezza – in campo avversario – ha elaborato l'elemento etico-politico e individuato in esso il terreno

dell'egemonia borghese (Intervista con ALESSANDRO NATTA a cura di FRANCO OTTOLENGHI e GIUSEPPE VACCA, in «Critica marxista» nn. 2-3, 1987, p. 25).

NORBERTO BOBBIO trattando del rapporto che esiste tra struttura e sovrastruttura afferma: Gramsci non dimentica affatto le condizioni materiali ma si rende conto perfettamente che esse da sole non muovono la storia; il movimento della storia dipende dalla coscienza che questo o quel gruppo sociale ha delle possibilità di azione e di lotta che sono ad esso consentite dalle condizioni oggettive date.

Non è un caso che Gramsci definisca la libertà, hegelianamente, coscienza della necessità. Con questo egli vuol dire che la storia dell'uomo è storia umana e non naturale, perché non è storia della necessità cieca ma della necessità riconosciuta, accettata e utilizzata. È come dire: la storia umana considerata da un punto di vista meramente oggettivo appare come un insieme di eventi connessi necessariamente, meccanicamente, da rapporti di causa ed effetto. Ma questi stessi rapporti, considerati dal punto di vista del soggetto agente, possono essere assunti come rapporti tra mezzo e fine, con questa conseguenza: che una volta che questo soggetto ha preso coscienza che una determinata causa produce un determinato effetto, è in grado di progettare la sua azione facendo dell'effetto il fine dell'azione e della causa il mezzo. Ritiene pertanto lo studioso che la conversione della causalità in finalità, che Gramsci vede benissimo, sia un modo per tradurre il problema dei rapporti tra condizioni oggettive e condizioni soggettive, tra necessità e libertà, tra momento strutturale condizionante ma passivo e momento sovrastrutturale condizionato ma attivo, in un linguaggio filosofico non esoterico, non da iniziati, (...). (NORBERTO BOBBIO, in *Gramsci e la cultura contemporanea* I, cit., p. 197). Un approccio originale, anche rispetto a Marx e ad Engels, al problema del rapporto struttura e sovrastruttura si trova in Gramsci - sostiene Serafino Cambareri. È un problema che Gramsci affronta ricollegandosi al concetto di sovrastruttura del Marx della *Prefazione* alla *Critica dell'Economia politica*, «per legittimare la predominanza dell'intervento *soggettivo*, ossia la predominanza, in ultima istanza, della sovrastruttura sulla struttura, talché "La proposizione contenuta nell'introduzione alla *Critica dell'economia politica* che gli uomini prendano coscienza dei conflitti di struttura nel terreno dell'ideologia deve essere considerata come una affermazione di valore gnoseologico e non puramente psicologico e morale". Ora, il fatto che gli individui prendano coscienza del conflitto tra forze produttive e rapporti di produzione sul terreno delle "forme ideologiche" – sostiene il Cambareri – non vuol dire che la sovrastruttura abbia un ruolo ed un'importanza analoga a quella della sua base economica: il ruolo determinante nel processo storico è svolto dalla struttura, anche se è da riconoscere alla sovrastruttura un suo ruolo relativamente autonomo, soprattutto in momenti storici particolari, di *acuta crisi organica*, quando l'intervento a dimensione ideologica diventa decisivo, attraverso l'azione politica» (SERAFINO CAMBARERI, *Pedagogia, Scienza e valori nella società tecnologica*, Catania, C.U.E.C.M., 1991, pp. 58-59). LUCIA BRUNO FICHERA che esamina *Economia e cultura nel marxismo* ritiene che «la categoria economica non determina sempre e

unicamente le sovrastrutture e il rapporto struttura-sovrastrutture non è "a senso unico". La relazione è reciproca, per cui i vari aspetti della realtà sociale si intrecciano tra di loro, in quella "totalità" che è la vita del sistema sociale e la storia stessa dell'attività umana» (LUCIA BRUNO FICHERA, *Educazione, cultura ed economia*, Catania, Cooperativa Universitaria Editrice Magistero, 1980, p. 45).
Nota MASSIMO L. SALVADORI che Gramsci è stato un impareggiabile maestro nel mostrare attraverso la sua azione di teorico e dirigente politico come il marxismo non debba essere concepito quale una "scienza della struttura", bensì come qualcosa di assai più comprensivo e complesso e cioè come la teoria e l'interpretazione pratica del rapporto fra struttura e sovrastruttura, concezione che gli consentì di impostare la sua critica distruttiva sia del meccanicismo dei massimalisti che dell'evoluzionismo dei revisionisti e la sua teoria dell'egemonia e della democrazia e dittatura proletarie fondate sulla autonomia organizzativa e intellettuale delle forze rivoluzionarie (*Gramsci e il problema storico della democrazia*, Torino, Piccola Biblioteca Einaudi, 1977, 2ª ediz., pp. XV-XVI). Diverse interpretazioni si fanno sottendere al concetto di egemonia, per approfondire il quale, oltre alle opere citate nel corso del lavoro, vedansi gli studi di: L. GRUPPI, *Il concetto di egemonia in Gramsci*, Roma, Editori Riuniti, 1972; N. AUCIELLO, *Socialismo ed egemonia in Gramsci e Togliatti*, Bari, De Donato, 1974; A. LEPRE, *Gramsci secondo Gramsci*, Napoli, Liguori, 1978; M. LICHTNER, *Il rapporto educativo nella crisi dell'egemonia*, in «Riforma della Scuola» n. 2/3, 1980; per la ricostruzione storica del termine e del concetto di egemonia, C. VIVANTI, *Egemonia/dittatura*, in Enciclopedia, Vol. I, Torino, Einaudi, 1978; GIUSEPPE PRESTIPINO, *Il socialismo in un solo mondo. Il lungo cammino dei comunisti italiani*, Roma, Ediesse, 1986.

(16) FRANCESCA IZZO, *Filosofia della prassi e concezione della modernità*, in «Critica marxista» nn. 2-3, 1987, p. 143.
Una ricostruzione della concezione gramsciana della storia, dagli anni giovanili alla maturità dei *Quaderni*, fornisce RENATO ZANGHERI: *Gramsci e la teoria del materialismo storico*, in «Critica marxista», 1983, n. 5. L'autore evidenzia in Gramsci la graduale conquista di una posizione di equidistanza sia dal volontarismo idealistico giovanile che dal determinismo della tradizione marxista.

(17) ALDO ZANARDO, *Per la cultura della sinistra*, in «Critica marxista», nn. 2-3, 1987, p. 10.

(18) *Ibidem*, pp. 8-11.

(19) *Ibidem*, p. 13.

(20) NICOLA BADALONI, *Teoria gramsciana delle dislocazioni egemoniche*, in «Critica marxista», 1987, nn. 2-3, pp. 48-49.

(21) FRANCESCA IZZO, *Filosofia della prassi e concezione della modernità*, cit., p. 150.

(22) *Ibidem*, p. 162.

(23) *Ibidem*, p. 164.

(24) ALDO TORTORELLA, *Che vuol dire oggi essere gramsciani?*, in «l'Unità», 27 aprile 1982, citato da GUIDO LIGUORI, in «Critica marxista», nn. 2-3, 1987, p. 362.

(25) GUIDO LIGUORI, *Dieci anni di studi gramsciani in Italia (1978-1987)*, in «Critica marxista», nn. 2-3, 1987, p. 363. Scrive MASSIMO L. SALVADORI che Gramsci è un autore di straordinaria fecondità, non certo perché tutte le sue analisi e conclusioni possano essere pari pari prese oggi e applicate nella prassi, ma perché egli ha con raro rigore individuato e affrontato problemi che continuano ad essere vivi e presenti, educando ad un metodo di ricerca, ad un costume politico e ad una moralità intellettuale, che sono un patrimonio comune (*Gramsci e il problema storico della democrazia*, cit., p. XIV).

(26) Cfr. A. GRAMSCI, *Il materialismo storico e la filosofia di Benedetto Croce*, cit. pp. 31-32.

(27) *Ibidem*, p. 32.

(28) *Ibidem*, p. 26.

(29) *Ibidem*, p. 6.

(30) *Ibidem*, p. 13.

(31) *Ibidem*, p. 37.

(32) *Ibidem*, pp. 37-38.

(33) ANTONIO GRAMSCI, *Note sul Machiavelli, sulla politica e sullo Stato moderno*, Roma, Editori Riuniti, 1991, p. 99. Gramsci condanna le scienze sociali in genere, e in particolare la sociologia, in quanto frammenti distorti di una scienza globale dei fenomeni sociali, ma non la possibilità o legittimità d'una scienza di simili fenomeni. Vi è in Gramsci – secondo LUCIANO GALLINO (*Gramsci e le scienze sociali*, in *Gramsci e la cultura/contemporanea* II, cit.) – la elaborazione di concetti e generalizzazioni che non solo anticipano ... taluni esiti della sociologia contemporanea, ma sono meritevoli di studio approfondito per gli stimoli che possono offrire allo sviluppo di questa disciplina (p. 81). Gramsci coglie con nettezza due aspetti deteriori che oggi come allora caratterizzano la sociologia. Il primo è la ricerca di leggi condotta non a fini esplicativi, o solamente mascherata con tali fini, ma in realtà motivata da un'esigenza puerile «di risolvere perentoriamente il problema pratico della prevedibilità degli accadimenti storici». Il secondo aspetto è il ricorso alla sociologia come succedaneo della filosofia, la filosofia dei non filosofi. Nei confronti, poi, dell'economia Gramsci anticipava l'odierna concezione della scienza economica come studio dei comportamenti istituzionali, prodotti in un determinato tipo di società dal convergere di strutture giuridico-politiche, psicologiche e culturali fra loro congruenti. Quanto alla scienza politica, respinta formalmente l'idea, di origine positivistica, che la scienza politica possa identificarsi con questa, Gramsci si interroga sul posto che la scienza politica occupa o dovrebbe occupare in una concezione del mondo sistematica – appunto una filosofia della prassi. La conclusione su cui paiono convergere le sue riflessioni è che la scienza politica consiste di "principi empirici e pratici", *dedotti* da una concezione del mondo, con i quali si mira a incidere sui rapporti sociali da cui dipende ogni riforma intellettuale e morale. Ma la riflessione sulla storia che ricerca in questa le possibilità e i principi dell'azione politica è una riflessione determinata in senso marxiano, ossia non disponibile per qualsiasi conclusione intuitiva, ma vincolata ad un metodo e alla verifica di condizioni reali; è cioè una riflessione di tipo

scientifico. Negli studi di Gramsci, visti in una prospettiva unitaria, essa appare estendersi ben al di là dei "principi empirici e pratici" di intervento sulla struttura, sino ad includere lo studio dei fenomeni di differenziazione e di integrazione sociale (in ogni senso: tecnico, economico, geografico, psicologico), dei modi in cui si forma la volontà collettiva, del funzionamento dello Stato. La scienza politica si presenta così, nella costruzione gramsciana, come una scienza unitaria dei fenomeni sociali, al punto da inglobare tutte le scienze tradizionali (pp. 87-90).

In particolare, il Gallino si sofferma ad analizzare due aspetti: i processi di differenziazione e di integrazione della società. Assumendo le *funzioni* economiche e tecniche come base della differenziazione della società in gruppi antagonistici, Gramsci ottiene lo strumento per condurre analisi storico-sociologiche che, pur nella loro schematicità, sono senza uguali nella storiografia italiana a lui precedente, non solo per la finezza ma per la vastità dei fatti che sanno coordinare. Quanto alla complessità e modernità dell'analisi gramsciana dei processi di integrazione, si osserverà che sebbene il corpo delle sue analisi si rivolga all'integrazione che potrebbe dirsi, avendo mente alle tassonomie della sociologia contemporanea, "verticale", attinente cioè alle corrispondenze tra livelli diversi della realtà sociale come la cultura, i rapporti sociali, la personalità, Gramsci non perde mai di vista le questioni dell'integrazione "orizzontale", inerente alla corrispondenza tra le parti costitutive di un singolo livello. Le sue note sul senso comune e sulla concezione del mondo di un individuo sono al riguardo esemplari, e reggono con vantaggio il paragone con quanto scritto in tema di integrazione della personalità da sociologi contemporanei, ad esempio da Sorokin (pp. 103-107).

Nel pensiero gramsciano, la MASSUCCO COSTA ha colto due orientamenti apparentemente contradditori: da un lato il rifiuto della sociologia positivistica; dall'altro l'ammissione della possibilità di una sociologia scientifica, intendendo sotto questo nome l'insieme delle scienze sociali più che la disciplina così designata nei manuali (A. MASSUCCO COSTA, *Aspetti sociologici del pensiero gramsciano*, in *Studi gramsciani*, Roma, 1958, p. 199).

Il BADALONI riconosce che lo storicismo di Gramsci è assunzione, nel senso comune, dei risultati delle scienze e viceversa. Esso riformula e rielabora concetti delle scienze del suo tempo, disponendoli in una serie aperta, atta a fondare e arricchire una comprensione della realtà dal punto di vista della politica (*Teoria gramsciana delle dislocazioni egemoniche*, cit., pp. 49, 44).

(34) *Ibidem*, pp. 189-190.

(35) ANTONIO GRAMSCI, *Il materialismo storico e la filosofia di Benedetto Croce*, cit., pp. 42-43.

La ricerca dei principi costitutivi della formazione non potrebbe avere un fondamento migliore, osserva il Maragliano. La conquista della dimensione individuale trova infatti una collocazione privilegiata entro i compiti della formazione: e non come termine aprioristico e assoluto a cui rapportare il complesso delle scelte maturate in campo educativo, ... ma come esito da assicurare in modo positivo, attraverso il governo dei rapporti sociali e naturali in movimento (ROBERTO MARAGLIANO, *La formazione come campo di lotta*, in «Critica marxista» nn. 2-3, 1987, pp. 198-199).

Scrive Lamberto Borghi: «In Gramsci non c'è riduzione dell'individuale al sociale né del sociale all'individuale. Egli stabilisce un rapporto dialettico tra questi due momenti e si sforza di non sacrificare né l'uno né l'altro. Egli insiste sull'importanza del singolo in rapporto col gruppo e colla società. Pertanto il processo di "collettivizzazione" che egli afferma dover essere attivato nella scuola elementare non va considerato come lesivo della spontaneità dei fanciulli... Quando Gramsci sostiene che la personalità è un "prodotto dialettico" egli vuol dire che l'individuo non può sussistere e svilupparsi se non nel rapporto cogli altri individui e colla natura e che fa se stesso nella misura in cui reca apporti positivi al farsi della società e del mondo delle cose. Ma i rapporti che egli intesse cogli altri e col mondo... "hanno sede nella coscienza dell'uomo singolo" e la personalità si forma come coscienza di questi stessi rapporti... Il fatto che egli concepisca l'uomo come "l'insieme dei rapporti sociali" non costituisce un inciampo alla sua valorizzazione dell'individuo come centro di attività che diviene personalità nella misura in cui il suo interagire cogli altri diviene cosciente. Ma ciò che dà risalto in questa visione relazionistica al momento della "coercizione" è la caratterizzazione che Gramsci conferisce a questo rapporto di comunicazione, in cui l'uomo realizza la sua umanità, come attività rivolta a "trasformare e dirigere coscientemente gli altri uomini": dove l'atto sociale si configura come un atto "egemonico" e quindi "politico"; e lo stesso "rapporto pedagogico" si atteggia come "rapporto di egemonia". Qui – sostiene il Borghi – si tocca il nodo complesso della visione non solo educativa, ma anche sociale di Gramsci. Qui i motivi per cui la sua pedagogia è essenzialmente politica e la si può comprendere nel suo nucleo vitale e nel suo centro motore soltanto nel quadro della sua visione generale dello sviluppo della storia e della società e in esso del rapporto tra Stato e società, tra dirigenti e diretti». LAMBERTO BORGHI, in *Gramsci e la cultura contemporanea*, vol. I, cit., pp. 255-260).

(36) ANTONIO GRAMSCI, *Passato e presente*, Roma, Editori Riuniti, 1991, pp. 263-264.

(37) *Ibidem*, pp. 265-267.

(38) ANTONIO GRAMSCI, *Letteratura e vita nazionale*, Roma, Editori Riuniti, 1991, p. 32.

(39) ANTONIO GRAMSCI, *Gli intellettuali e l'organizzazione della cultura*, Roma, Editori Riuniti, 1991, pp. 145-146.

(40) ANTONIO GRAMSCI, *Lettere dal carcere*, Torino, Einaudi, 1975, p. 427.

(41) ANTONIO GRAMSCI, *Letteratura e vita nazionale*, cit., p. 397.

(42) ANTONIO GRAMSCI, *Gli intellettuali e l'organizzazione della cultura*, cit., pp. 124-131. Sul "conformismo dinamico" di Gramsci, Dina Bertoni Jovine ha affermato: «si può distinguere una educazione *autorevole* da una educazione *autoritaria...* Il principio pedagogico di Gramsci, tenuto fermo che il momento dell'autorità non si può eliminare dall'educazione, è riassunto da lui stesso presso a poco così: occorre che il momento dell'eteronomia vada scomparendo via via che il fanciullo si sviluppa in intelligenza e volontà acquistando cognizioni e facendo esperienze di vita; occorre che l'autorità sia esercitata in modo da favorire il formarsi dell'autonomia e del potere dell'autoeducazione; occorre che la coercizione esercitata sul

fanciullo sia fatta in nome di ideali accettati anche dagli educatori come finalità da raggiungere per il miglioramento della vita sociale, in un dato momento storico. Ciò comporta una attiva partecipazione del fanciullo all'opera educativa: attività ottenuta non soltanto con i metodi ma coll'interesse che si suscita, "*collegando* sempre la scuola alla vita"» (DINA BERTONI JOVINE, *Educazione e scuola in Gramsci* in *Gramsci e la cultura contemporanea*, vol. I, cit. pp. 241-242). La Bertoni Jovine, che ha posto in evidenza quanto detto sopra nel suo intervento sulla relazione del Borghi, in occasione del Convegno internazionale di studi gramsciani (Cagliari, 1967), esprimendo anche un certo parziale dissenso dallo stesso Borghi, ha insistito sullo storicismo di Gramsci, che non è riconducibile solamente a Marx, ma può essere fatto risalire anche alla elaborazione di Romagnosi e di Cattaneo, e che ha dato luogo allo stimolante concetto di «*transazione* per il quale ogni generazione e anzi ogni individuo porta il peso o il vantaggio di una eredità culturale preformata, ma non per questo, necessariamente estranea» (*Ibidem*, p. 239).

(43) *Ibidem*, pp. 134-135.

(44) *Ibidem*, p. 135.

(45) *Ibidem*, pp. 137-138.

(46) *Ibidem*, p. 138.

(47) *Ibidem*.

(48) *Ibidem*.

(49) *Ibidem*, p. 139.

(50) *Ibidem*.

(51) *Ibidem*, p. 140.

(52) *Ibidem*.

(53) *Ibidem*, p. 141.

(54) *Ibidem*, p. 143.

(55) *Ibidem*.

(56) *Ibidem*, p. 144.

(57) *Ibidem*.

(58) ANTONIO GRAMSCI, *Letteratura e vita nazionale*, cit., pp. 242-246.

(59) ANTONIO GRAMSCI, *Il materialismo storico e la filosofia di Benedetto Croce*, cit., pp. 67-69. Significativo il concetto di "scientifico" fornito da Gramsci: «In realtà, scientifico significa razionale, e più precisamente "razionalmente conforme al fine" da raggiungere, cioè di produrre il massimo col minimo sforzo, di ottenere il massimo di efficienza economica, etc., razionalmente scegliendo e fissando tutte le operazioni e gli atti che conducono al fine. L'aggettivo "scientifico" è oggi adoperato estensivamente, ma il suo significato può essere sempre ridotto a quello di "conforme al fine", in quanto tale conformità sia razionalmente (metodicamente) ricercata dopo un'analisi minutissima di tutti gli elementi (fino alla capillarità) costitutivi e necessariamente costitutivi (eliminazione degli elementi emotivi compresa nel calcolo)» (*Passato e presente*, cit. pp. 213-214).

(60) Il concetto di "previsione" è stato ampiamente discusso. Cfr. CLAUDIA MANCINA, *Rapporti di forza e previsione. Il gioco della storia secondo Gramsci*, in «Critica marxista», 1980, n. 5; BIAGIO DE GIOVANNI, *Il "moderno Principe" fra politica e tecnica*, in «Critica marxista», 1981, n. 3;

NICOLA BADALONI, *Gramsci: la filosofia della prassi come previsione*, in *Storia del marxismo*, vol. III: *Il marxismo nell'età della Terza Internazionale*, Tomo II: *Dalla crisi del '29 al XX Congresso*, Torino, Einaudi, 1981.

In tale saggio, il Badaloni sostiene che il marxismo di Gramsci è da considerare «un metodo della "previsione" in condizioni determinate, alcune delle quali "non date", ma costruite o costruibili attraverso l'organizzazione, la pratica e la formazione di modelli della realtà capaci di disaggregare ciò che sembrava a prima vista dominato da una necessità o da un ordine causale del tutto immodificabili» (p. 335). Continua l'autore: «Questo sviluppo è "previsto" solo in quanto accompagnato da una forte organizzazione della volontà» (p. 337).

Ancora sulla previsione, scrive NICOLA PANICHI, *Storia della filosofia e filosofia della prassi. "Teoria" e prassi della previsione nei "Quaderni" di Antonio Gramsci*, Urbino, 1986.

(61) Cfr. ANTONIO GRAMSCI, *Passato e presente*, cit., p. 136. Al problema della volontà fa riferimento Gramsci per chiarire la questione dell'ottimismo e del pessimismo. L'ottimismo non è altro, molto spesso, – dice Gramsci – che un modo di difendere la propria pigrizia, le proprie irresponsabilità, la volontà di non far nulla. È anche una forma di fatalismo e di meccanicismo. Si conta sui fattori estranei alla propria volontà e operosità, li si esalta, pare che si bruci di un sacro entusiasmo. E l'entusiasmo non è che esteriore adorazione di feticci. Reazione necessaria, che deve avere per punto di partenza l'intelligenza. Il solo entusiasmo giustificabile è quello che accompagna la volontà intelligente, l'operosità intelligente, la ricchezza inventiva in iniziative concrete che modificano la realtà esistente. (*Ibidem*, pp. 9-10).

(62) ANTONIO GRAMSCI, *Lettere dal carcere*, cit. p. 431.

(63) *Ibidem*, p. 900.

(64) ANTONIO GRAMSCI, *Letteratura e vita nazionale*, cit. p. 299.

(65) *Ibidem*.

(66) *Ibidem*.

(67) *Ibidem*, p. 108.

(68) *Ibidem*, p. 71.

(69) Notevoli sono le osservazioni che Gramsci fa intorno al sesso e al Guignol, nelle sue cronache teatrali. Dice del primo, che esso ha «rapinato le intelligenze, a discapito della pienezza della vita che consiste più di spiritualità che di animalità, di anima più che di economia o di nervi e muscoli» (*Letteratura e vita nazionale*, cit., p. 330). Condanna il Guignol che, col suo terrore, porta ad inbestialire gli spiriti. Il terrore – commenta Gramsci – è un istituto animalesco, non è un atto dello spirito. Non fa lavorare il cervello... cerca di scombussolare il sistema nervoso. La paura – dice ancora – è certamente un fatto umano, con tutte le sfumature del terrore, dell'allucinazione folle, del delirio. Ma perché essa – conclude Gramsci – diventi elemento artistico, deve trovare una espressione linguistica che la trasformi in atto umano, in elemento drammatico graduato secondo l'importanza relativa che essa ha nella vita dell'uomo. «Guignol invece ha fatto del terrore fisico tutto il dramma della vita dell'uomo; e per-

tanto ha ridotto l'uomo a pura fisica, a pura macchina materiale» (*ibidem*, pp. 334-335).

Di questo genere è fatto il materialismo di Gramsci, un materialismo che non riduce ed abbassa l'uomo alla pura materia, ma intende sollevarlo da materia a spirito, ad "anima" in armonia con il complesso di tutti gli altri uomini, con l'universale concreto, la grande famiglia umana schiacciata ancora da condizionamenti che ne tengono una gran parte in stato di inferiorità.

(70) Sul terreno didattico-educativo grande equilibrio ha dimostrato Gramsci nel riconoscere gli aspetti positivi e quelli negativi dei sistemi e degli esperimenti delle "nuove" scuole. L'esperimento del sistema Dalton, fatto nella scuola media di Streatam Hell, nella quale le ragazze sono libere di seguire le lezioni, pratiche e teoriche, che desiderano, e dove la disciplina delle varie classi è affidata alle alunne, ha un grave difetto – secondo Gramsci –: quello di far rimandare agli ultimi giorni del mese lo svolgimento del loro compito, ciò che nuoce alla serietà della scuola e costituisce un inconveniente serio per le insegnanti che debbono aiutarle e sono sopraffatte dal lavoro, mentre nelle prime settimane hanno poco o nulla da fare.

Nella scuola fondata da E.F. O'Neil è abolito ogni programma e ogni metodo didattico. Il maestro cerca di rendersi conto di quello che i bambini hanno bisogno di apprendere e comincia poi a parlare su quel dato argomento, mirando a risvegliare la loro curiosità e il loro interesse; appena vi è riuscito, lascia che essi continuino per conto proprio, limitandosi a rispondere alle loro domande e a guidarli nella loro ricerca.

Questa scuola, che rappresenta una reazione contro tutte le formule, è molto interessante come tentativo – dice Gramsci – ma potrebbe essere universalizzato? si troverebbero i maestri sufficienti numericamente allo scopo? e non ci saranno inconvenienti che non sono riferiti, come per esempio quello dei bambini che devono abbandonare la scuola, etc.

Potrebbe essere una scuola di *élites* o un sistema di "doposcuola", in sostituzione della vita familiare.

In un gruppo di scuole elementari di Amburgo è stato introdotto dal direttore signor Gläser questo sistema: nessuna distinzione di classi, non materie di studio, non insegnamento nel senso preciso della parola. L'istruzione dei bambini deriva solo dalle domande che essi rivolgono ai maestri e dall'interesse che dimostrano per un dato fatto. Per Gläser l'educazione consiste «nel liberare l'individualità di ogni alunno, nel permettere alla sua anima di aprirsi e di espandersi».

E così, di altre "scuole" Gramsci pone in rilievo i caratteri e le intezioni, concludendo, che «è utile seguire tutti questi tentativi che non sono altro che "eccezionali" forse più per vedere ciò che non occorre fare che per altro». La questione vera resta, per Gramsci, quella di creare un tipo di scuola che educhi le classi strumentali e subordinate «a un ruolo dirigente nella società, come complesso e non come singoli individui» (cfr. *Gli intellettuali e l'organizzazione della cultura*, cit. pp. 154-155).

Perciò il ricorso alla coercizione che, elemento necessario della vita sociale, entra di necessità anche nel processo educativo, non però come autoritarismo o come rigore disciplinare, ma nel senso di rispondenza ad una necessità che è storica, secondo le linee della realizzazione di quel *conformismo dinamico*, o razionale e sociale, perché corrispondente alla necessità ed al minimo sforzo per ottenere un risultato utile. Di qui un *conformismo proposto*, cioè voluto liberamente, secondo una idea di sviluppo molto più ampia e molto più complessa della semplice spontaneità, o dell'attività per l'attività (FRANCO V. LOMBARDI, *A. Gramsci*, in *Nuove Questioni di Storia della Pedagogia*, Vol. 3, Brescia, La Scuola, 1977, pp. 294-295).

(71) Scrive il Garin: «Il giovane Gramsci, nella sua insistente requisitoria antipositivistica e antideterministica, viene profilando molte delle posizioni che in lui resteranno poi sempre determinanti» (EUGENIO GARIN, *Intellettuali italiani del XX secolo*, Roma, Editori Riuniti, 1974). Nota il Manacorda che gli scritti giovanili riflettono lo sviluppo del pensiero di Gramsci nel legame ambivalente, di assunzione e di critica, col pensiero pedagogico contemporaneo, e propongono, anche per la pedagogia, quelli che saranno poi i temi perenni della ricerca gramsciana nel loro nascere, nel loro primo atteggiarsi, nel loro successivo arricchirsi e talvolta mutar segno, fino alla più compatta formulazione negli anni del carcere (MARIO ALIGHIERO MANACORDA, *La formazione del pensiero pedagogico di Gramsci (1915-26)* in *Gramsci e la cultura contemporanea* II vol. cit., p. 228).

(72) Cfr. ANTONIO GRAMSCI, *Scritti giovanili*, Torino, Einaudi, 1958, p. 326.

(73) Cfr. ANTONIO GRAMSCI, *Sotto la mole*, Torino, Einaudi, 1975, pp. 172, 403.

(74) ANTONIO GRAMSCI, *Scritti giovanili*, cit. p. 24.
Qui l'originalità di Gramsci nei confronti dell'idealismo. L'organizzazione, egli dice, in polemica con gli estremisti, deve servire non soltanto all'attività pratico-politica, ma anche all'attività culturale. Ecco – sostiene il Manacorda – l'elemento volontaristico per cui Gramsci respinge l'atteggiamento di ricezione passiva dei dati spontanei di una evoluzione naturale e propone invece l'elaborazione attiva, volontaria – attraverso l'organizzazione – di una cultura capace di intervenire nello sviluppo politico ed economico (M.A. MANACORDA, *La formazione del pensiero pedagogico di Gramsci (1915-26)* cit. p. 236).

(75) *Ibidem*, pp. 78-79.

(76) *Ibidem*, p. 63.

(77) ANTONIO GRAMSCI, *Sotto la mole*, cit., p. 239.

(78) *Ibidem*, p. 239.

# Indice dei nomi

Stampato nel 1995 da Centro Stampa s.r.l. - Via della Pisana, 1448 - Roma